DR. OETKER

Grund
Backbuch

DR. OETKER

Grund
Backbuch

 CERES

Der herrliche Duft eines frisch gebackenen Kuchens oder die leckere Torte als Mittelpunkt einer gemütlichen Kaffeerunde: Wer erinnert sich nicht gerne zurück!

Möchten Sie diese Genüsse wieder neu aufleben lassen? Mit erprobten Rezepten und einer detaillierten Fotoanleitung wird Ihr Lieblingsrezept gelingen. Dann gehen auch schwierige Rezepte leicht von der Hand.

Viel Freude beim Ausprobieren und Genießen all der leckeren Backwerke.

Kuchen aus der Form

Kuchen vom Blech

Torten

Kleingebäck

Kekse

Ratgeber

Die Kuchen aus Napf-, Spring-, Kranz- oder Kastenform sind eine Freude fürs Auge. Sie lassen sich ideenreich verzieren, mit Glasuren überziehen oder mit Krokant und Puderzucker bestreuen.

Da bekommt jeder schon beim Anblick Appetit. Und daß auch der Gaumen nicht zu kurz kommt, dafür sorgen schon die guten Füllungen und Zutaten, die in Kuchen aus der Form versteckt sind. Denn nicht umsonst gehört auch heute in vielen Familien der Napfkuchen zum Sonntagnachmittag noch immer dazu.

Apfelkuchen, sehr fein

(Rührteig – Foto Seite 8/9)

Für den Teig

125 g weiche Butter oder Margarine mit Handrührgerät mit Rührbesen auf höchster Stufe in etwa $1/2$ Minute geschmeidig rühren, nach und nach

125 g Zucker
1 Päckchen Vanillin-Zucker
1 Prise Salz
4 Tropfen Backöl Zitrone unterrühren, so lange rühren, bis eine gebundene Masse entstanden ist

3 Eier nach und nach unterrühren (jedes Ei etwa $1/2$ Minute)

200 g Weizenmehl mit
2 gestr. TL Backpulver mischen, sieben, abwechselnd eßlöffelweise mit

1–2 EL Milch auf mittlerer Stufe unterrühren (nur so viel Milch verwenden, daß der Teig schwerreißend von einem Löffel fällt), den Teig in eine Springform (Ø etwa 28 cm, Boden gefettet) füllen (Foto 1), glattstreichen (Foto 2).

Für den Belag

750 g Äpfel schälen, vierteln, entkernen, mehrmals der Länge nach einritzen (Foto 3), kranzförmig auf den Teig legen (Foto 4), die Form auf dem Rost in den Backofen schieben

Ober-/Unterhitze 170–200 °C (vorgeheizt)
Heißluft 160–170 °C (nicht vorgeheizt)
Gas Stufe 3–4 (nicht vorgeheizt)
Backzeit 40–50 Minuten.

Zum Aprikotieren

2 EL Aprikosenkonfitüre (durch ein Sieb gestrichen) mit
1 EL Wasser unter Rühren etwas einkochen lassen, den Kuchen sofort nach dem Backen damit bestreichen.

Tip Anstelle der Äpfel 600 g entsteinte Sauerkirschen verwenden.

Rehrücken

(Rührteig)

Für den Teig

100 g weiche Butter oder Margarine mit Handrührgerät mit Rührbesen auf höchster Stufe in etwa ¹/₂ Minute geschmeidig rühren, nach und nach

150 g Zucker
1 Päckchen Vanillin-Zucker
1 Prise Salz unterrühren, so lange rühren, bis eine gebundene Masse entstanden ist

3 Eier nach und nach unterrühren (jedes Ei etwa ¹/₂ Minute)

100 g Schokolade reiben (Foto 1), unterrühren

75 g Mandeln mit Wasser aufkochen, auf ein Sieb schütten, abziehen (Foto 2), mahlen

50 g Weizenmehl mit
2 Päckchen Schokoladen-Pudding-Pulver
2 gestr. TL Backpulver mischen, sieben (Foto 3), abwechselnd eßlöffelweise mit

2 EL Milch auf mittlerer Stufe unterrühren (nur so viel Milch verwenden, daß der Teig schwerreißend von einem Löffel fällt), zuletzt die Mandeln unter den Teig rühren, ihn in eine gefettete Rehrückenform (30 x 11 cm) füllen, die Form auf dem Rost in den Backofen schieben

Ober-/Unterhitze 170–200 °C (vorgeheizt)
Heißluft 160–170 °C (nicht vorgeheizt)
Gas Stufe 3–4 (vorgeheizt)
Backzeit 50–60 Minuten.

Für den Guß

100 g Zartbitter-Schokolade in kleine Stücke brechen, mit
etwas Kokosfett in einem kleinen Topf im Wasserbad bei schwacher Hitze zu einer geschmeidigen Masse verrühren, den erkalteten Kuchen damit überziehen (Foto 4), mit

40 g abgezogenen, gesplitterten Mandeln spicken.

Rosenkuchen
(Hefeteig)

Für den Teig

500 g Weizenmehl in eine Schüssel sieben, mit
**1 Päckchen
Trockenbackhefe** sorgfältig vermischen
**100 g Zucker
1 Prise Salz, 1 Ei
knapp 200 ml
lauwarme Milch
125 g zerlassene,
abgekühlte Butter** hinzufügen, die Zutaten mit Handrührgerät
mit Knethaken zunächst auf niedrigster,
dann auf höchster Stufe in etwa 5 Minuten
zu einem Teig verarbeiten, sollte er kleben,
etwas Mehl hinzufügen (aber nicht zu viel,
der Teig muß weich bleiben), den Teig so
lange an einem warmen Ort stehen lassen,
bis er sich sichtbar vergrößert hat, ihn auf
der Tischplatte gut durchkneten, zu einem
Rechteck (40 x 50 cm) ausrollen, mit
**50 g weicher
Butter** bestreichen.

Für die Füllung

**75 g Korinthen
75 g Rosinen** mit
**50 g Zucker
100 g abge-
zogenen, ge-
hackten Mandeln** mischen, auf den Teig streuen (Foto 1), von
der längeren Seite her aufrollen (Foto 2), die
Rolle in 15 Stücke schneiden (Foto 3), diese
in eine gefettete Springform (Rand nicht
fetten, Ø etwa 28 cm) setzen (Foto 4), mit
Dosenmilch bestreichen, nochmals so lange gehen lassen,
bis er sich sichtbar vergrößert hat
Ober-/Unterhitze 170–200 °C (vorgeheizt)
Heißluft 160–170 °C (nicht vorgeheizt)
Gas Stufe 3–4 (vorgeheizt)
Backzeit 30–40 Minuten.

Für den Guß

50 g Puderzucker sieben, mit
**1 EL heißem
Wasser** glattrühren, den heißen Kuchen damit bestreichen.

„Margareten"-Kuchen
(Rührteig)

Für den Teig

350 g Butter oder Margarine	mit Handrührgerät mit Rührbesen auf höchster Stufe in etwa $1/2$ Minute geschmeidig rühren, nach und nach
300 g Zucker 1 Päckchen Vanillin-Zucker	unterrühren, so lange rühren, bis eine gebundene Masse entstanden ist
4 Eier 2 EL Wasser oder Orangenlikör	nach und nach unterrühren (jedes Ei etwa $1/2$ Minute)
350 g Weizenmehl 2 gestr. TL Backpulver	mit
	mischen, sieben, eßlöffelweise auf mittlerer Stufe unterrühren eine Rosettenform mit Margarine einfetten (Foto 1), den Teig einfüllen (Foto 2), die Form auf dem Rost in den Backofen schieben
Ober-/Unterhitze	170–200 °C (vorgeheizt)
Heißluft	160–170 °C (nicht vorgeheizt)
Gas	Stufe 2–3 (nicht vorgeheizt)
Backzeit	50–60 Minuten.

Zum Aprikotieren

2 EL Aprikosen- konfitüre	durch ein Sieb streichen (Foto 3) mit
2–3 EL Wasser	unter Rühren etwas einkochen lassen, den Kuchen aus der Form lösen, auf einen Rost stürzen, sofort nach dem Backen mit der Aprikosenkonfitüre bestreichen (Foto 4).

Zum Verzieren

30–50 g Puderzucker	sieben, mit
etwa 2 TL Eiweiß evtl. etwas Wasser	zu einer dickflüssigen Masse verrühren, die Masse in ein Pergamentpapiertütchen füllen, von der Tüte eine Spitze abschneiden, die Torte mit dem Guß verzieren.

Quark-Apfel-Kuchen
mit Streuseln (Quark-Öl-Teig)

	Für den Teig
300 g Weizenmehl	mit
1 Päckchen	
Backpulver	mischen, in eine Rührschüssel sieben
150 g Speisequark	
6 EL Milch	
6 EL Speiseöl	
75 g Zucker	
1 Prise Salz	hinzufügen, die Zutaten mit Handrührgerät mit Knethaken auf höchster Stufe in etwa 1 Minute verarbeiten (nicht zu lange, Teig klebt sonst), anschließend auf der bemehlten Arbeitsfläche zu einer Rolle formen, den Teig auf einem gefetteten Backblech ausrollen, vor den Teig einen mehrfach umgeknickten Streifen Alufolie legen.
	Für den Belag
1¹/₂ kg Äpfel	schälen, vierteln, entkernen, in Spalten schneiden, schuppenförmig auf den Teig legen
150 g Butter	geschmeidig rühren, nach und nach
100 g Zucker	
4 Eigelb	
850 g Magerquark	
50 g Grieß	unterrühren
4 Eiweiß	steif schlagen, unter die Quarkmasse ziehen, auf die Äpfel streichen.
	Für die Streusel
200 g Weizenmehl	mit
70 g abgezogenen, gemahlenen Mandeln	
150 g Zucker	
¹/₂ TL gemahlenem Zimt	
1 Eigelb	
150–200 g Butter	in eine Schüssel geben, mit Handrührgerät mit Knethaken zu Streuseln von gewünschter Größe verarbeiten, gleichmäßig auf der Quarkmasse verteilen
Ober-/Unterhitze	etwa 170 °C (vorgeheizt)
Heißluft	etwa 150 °C (nicht vorgeheizt)
Gas	etwa Stufe 3 (vorgeheizt)
Backzeit	etwa 1 Stunde.

Für das optimale Gelingen ist das Material der verwendeten Backform mitentscheidend. Auch das vorhandene Herdsystem sollte beim Kauf von Backformen berücksichtigt werden.

Für die direkte Wärmeabgabe, z. B. in Gasherden, ist Weißblech rauhverzinnt besonders geeignet. Weniger gut eignen sich Weißblechformen für Elektroherde.

Aluminium leitet die Wärme gut und ist beständig gegen Korrosion. Diese Backformen sind für alle Herdarten geeignet. Schwarzblechformen nehmen viel Hitze auf und geben diese Hitze sofort an den Teig weiter. Sie sind deshalb ideal für Elektro- und Heißluftherde. Antihaft-beschichtete Weiß- und Stahlblechformen eignen sich für alle Herdsysteme. Die dickere Wand speichert die Hitze besser und spart auf diese Weise Energie. Keramikformen speichern die Hitze und geben sie erst dann an das Backgut weiter. Sie sind in allen Herden einsetzbar.

Englischer Kuchen

(Rührteig)

100 g weiche Butter oder Magarine	mit Handrührgerät mit Rührbesen auf höchster Stufe in etwa $1/2$ Minute geschmeidig rühren, nach und nach
150 g Zucker 1 Päckchen Vanillin-Zucker $1/2$ Fläschchen Backöl Zitrone 1 Prise Salz	unterrühren, so lange rühren, bis eine gebundene Masse entstanden ist
2 Eier	nach und nach unterrühren (jedes Ei etwa $1/2$ Minute)
250 g Weizenmehl	mit
2 gestr. TL Backpulver	mischen, sieben, abwechselnd eßlöffelweise mit
125 ml ($1/8$ l) Schlagsahne	auf mittlerer Stufe unterrühren (Foto 1)
50 g Zitronat (Sukkade)	fein würfeln (Foto 2)
50 g kandierte Kirschen	kleinschneiden (Foto 3)
150 g Rosinen 150 g Korinthen	
	die Zutaten vorsichtig auf mittlerer Stufe unter den Teig rühren, den Teig in eine gefettete, mit Papier ausgelegte Kastenform (30 x 11 cm) füllen, die Form auf dem Rost in den Backofen schieben
Ober-/Unterhitze	170–200 °C (vorgeheizt)
Heißluft	160–170 °C (nicht vorgeheizt)
Gas	Stufe 2–3 (nicht vorgeheizt)
Backzeit	etwa 80 Minuten den Kuchen zum Abkühlen auf ein Kuchengitter heben, das Backpapier abziehen (Foto 4), den Kuchen auskühlen lassen.

Marmorkuchen

(Rührteig)

300 g weiche Butter oder Margarine	mit Handrührgerät mit Rührbesen auf höchster Stufe in etwa $1/2$ Minute geschmeidig rühren, nach und nach
275 g Zucker 1 Päckchen Vanillin-Zucker 1 Fläschchen Rum-Aroma 1 Prise Salz	unterrühren, so lange rühren, bis eine gebundene Masse entstanden ist
5 Eier	nach und nach unterrühren (jedes Ei etwa $1/2$ Minute)
375 g Weizenmehl 4 gestr. TL Backpulver	mit mischen, sieben, abwechselnd eßlöffelweise mit

etwa 3 EL Milch	auf mittlerer Stufe unterrühren (nur so viel Milch verwenden, daß der Teig schwer-reißend von einem Löffel fällt) $2/3$ des Teiges in eine gefettete Napfkuchenform (Ø etwa 24 cm) füllen (Foto 1)
20 g Kakao 20 g Zucker 2–3 EL Milch	sieben, mit unter den Rest des Teiges rühren, so daß er wieder schwer-reißend vom Löffel fällt den dunklen Teig auf dem hellen Teig verteilen (Foto 2), mit einer Gabel spiralförmig durch die Teigschichten ziehen (Foto 3), damit ein Marmormuster entsteht, die Form auf dem Rost in den Backofen schieben

Ober-/Unterhitze	170–200 °C (vorgeheizt)
Heißluft	160–170 °C (nicht vorgeheizt)
Gas	Stufe 2–3 (nicht vorgeheizt)
Backzeit	etwa 60 Minuten
Puderzucker	den erkalteten Kuchen mit bestäuben (Foto 4).

Rodonkuchen
(Rührteig)

Für den Teig

200 g weiche Butter	mit Handrührgerät mit Rührbesen auf höchster Stufe in etwa $^1/_2$ Minute geschmeidig rühren, nach und nach
200 g Zucker 1 Päckchen Vanillin-Zucker 1 Prise Salz	unterrühren, so lange rühren, bis eine gebundene Masse entstanden ist
4 Eier	nach und nach unterrühren (jedes Ei etwa $^1/_2$ Minute – Foto 1)
500 g Weizenmehl 1 Päckchen Backpulver	mit mischen, sieben, abwechselnd eßlöffelweise mit
gut 125 ml ($^1/_8$ l) Milch	auf mittlerer Stufe unterrühren (nur so viel Milch verwenden, daß der Teig schwerreißend von einem Löffel fällt)
150 g Korinthen 150 g Rosinen	vorsichtig unter den Teig heben (Foto 2), ihn in eine gefettete Napfkuchenform (Ø etwa 24 cm) füllen, die Form auf dem Rost in den Backofen schieben
Ober-/Unterhitze	170–200 °C (vorgeheizt)
Heißluft	160–170 °C (nicht vorgeheizt)
Gas	Stufe 3–4 (nicht vorgeheizt)
Backzeit	50–60 Minuten.

Für den Guß
nach Belieben

200 g Puderzucker	mit
30 g Kakao	mischen, sieben, mit
etwa 3 EL heißem Wasser	glattrühren, so daß eine dickflüssige Masse entsteht
25 g Kokosfett	zerlassen, unterrühren (Foto 3) den erkalteten Kuchen mit dem Guß überziehen (Foto 4).

Sandkuchen

(Rührteig)

	Für den Teig
250 g Butter	zerlassen (Foto 1), in eine Rührschüssel geben, kalt stellen, das wieder etwas fest gewordene Fett mit Handrührgerät mit Rührbesen in etwa $^1/_2$ Minute geschmeidig rühren, nach und nach
200 g Zucker **1 Päckchen Vanillin-Zucker** **1 Prise Salz** **einige Tropfen Backöl Zitrone oder Rum-Aroma**	unterrühren, so lange rühren, bis eine gebundene Masse entstanden ist
4 Eier	hinzugeben (jedes Ei etwa $^1/_2$ Minute unterrühren)
125 g Weizenmehl	mit
125 g Speisestärke **$^1/_2$ gestr. TL Backpulver**	mischen, sieben, eßlöffelweise auf mittlerer Stufe unterrühren die Kastenform mit einem Pinsel mit Butter oder Margarine fetten (Foto 2), den Teig in die ausgelegte Kastenform (30 x 11 cm) füllen die Form auf dem Rost in den Backofen schieben
Ober-/Unterhitze	150–180 °C (vorgeheizt)
Heißluft	140–150 °C (nicht vorgeheizt)
Gas	Stufe 2–3 (nicht vorgeheizt)
Backzeit	65–75 Minuten den Kuchen zum Abkühlen aus der Form nehmen (Foto 3).
	Für den Guß
100 g Schokolade	in kleine Stücke brechen, mit
25 g Kokosfett	in einem kleinen Topf im Wasserbad bei schwacher Hitze zu einer geschmeidigen Masse verrühren, den erkalteten Kuchen damit überziehen (Foto 4).

Kirsch-Streusel-Kuchen

(Knetteig)

	Für den Teig
150 g Weizenmehl	*mit*
1 Msp. Backpulver	*mischen, in eine Rührschüssel sieben*
100 g Zucker	
1 Päckchen	
Vanillin-Zucker	
1 Prise Salz, 1 Ei	
100 g weiche	
Butter oder	
Margarine	*hinzufügen*

die Zutaten mit Handrührgerät mit Knethaken zunächst kurz auf niedrigster, dann auf höchster Stufe gut durcharbeiten, anschließend auf der Tischplatte zu einem glatten Teig verkneten, sollte er kleben, ihn eine Zeitlang kalt stellen

gut 2/3 des Teiges auf dem gefetteten Boden einer Springform (Ø etwa 28 cm) ausrollen (Foto 1), mehrmals mit einer Gabel einstechen (Foto 2), den Springformring um den Boden legen, die Form auf dem Rost in den Backofen schieben

Ober-/Unterhitze	*200–230 °C (vorgeheizt)*
Heißluft	*etwa 180 °C (nicht vorgeheizt)*
Gas	*Stufe 3–4 (vorgeheizt)*
Backzeit	*10–12 Minuten*

den Boden erkalten lassen, den Rest des Teiges zu einer Rolle formen, sie als Rand auf den vorgebackenen Boden legen, so an die Form drücken, daß ein etwa 2 cm hoher Rand entsteht.

	Für die Füllung
1 kg Sauerkirschen	*waschen, abtropfen lassen, entstielen, entsteinen, mit*
100 g Zucker	*mischen, kurze Zeit zum Saftziehen stehen lassen, nur eben zum Kochen bringen, abtropfen lassen, wenn Saft und Kirschen kalt sind, 250 ml (1/4 l) Saft abmessen (evtl. mit Wasser ergänzen)*
20 g Speisestärke	*mit 4 Eßlöffel von dem Saft anrühren (Foto 3), den übrigen Saft zum Kochen bringen, die Speisestärke unter Rühren in den von der Kochstelle genommenen Saft geben,*

(Fortsetzung Seite 24)

Die richtig eingestellte Backtemperatur ist genau so wichtig wie die sorgfältige Zubereitung des Gebäcks.

Die unten im Rezept angegebenen Temperaturen sind Anhaltswerte. Sie sollten sich jedoch die Bedienungsanleitung des Herdes genau durchlesen und sich bei Abweichungen besser an die Anleitung Ihres Herdes halten.

Die Herde werden in der Versuchsküche vielfach getestet und die angegebenen Werte passen auf den jeweiligen Gerätetyp.

Auf jeden Fall empfiehlt es sich, gegen Ende der Backzeit nach dem Gebäck zu sehen und zu prüfen, ob es gar ist. Dies kann bei Kuchen mit Hilfe der Holzstäbchen-Probe erfolgen.

Das Stäbchen wird in die Mitte des Gebäcks gestoßen, bleiben keine feuchten Krumen daran haften, ist das Gebäck gar.

kurz aufkochen lassen, die Kirschen unterrühren, kalt stellen, mit

etwa 1 EL Zucker *abschmecken, die Füllung auf den vorgebackenen Boden geben (Foto 4).*

Für die Streusel

150 g Weizenmehl *in eine Rührschüssel sieben*
100 g Zucker
1 Päckchen
Vanillin-Zucker
100 g weiche
Butter *hinzufügen, mit Handrührgerät mit Knethaken zu Streuseln von gewünschter Größe verarbeiten, gleichmäßig auf der Füllung verteilen, die Form wieder in den Backofen schieben*
Ober-/Unterhitze *200–220 °C (vorgeheizt)*
Heißluft *etwa 180 °C (nicht vorgeheizt)*
Gas *Stufe 3–4 (nicht vorgeheizt)*
Backzeit *etwa 40 Minuten.*

Frankfurter Kranz
(Rührteig)

Für den Teig

100 g weiche
Butter oder
Margarine *mit Handrührgerät mit Rührbesen auf höchster Stufe in etwa 1/2 Minute geschmeidig rühren, nach und nach*

150 g Zucker
1 Päckchen
Vanillin-Zucker
4 Tropfen
Backöl Zitrone
oder
1/2 Fläschchen
Rum-Aroma *unterrühren, so lange rühren, bis eine gebundene Masse entstanden ist*
3 Eier *nach und nach unterrühren (jedes Ei etwa 1/2 Minute)*
150 g Weizenmehl *mit*
50 g Speisestärke
2 gestr. TL
Backpulver *mischen, sieben, eßlöffelweise auf mittlerer Stufe unterrühren, den Teig in eine gefettete Kranzform (Ø 24 cm) füllen,*

die Form auf dem Rost in den Backofen
schieben

Ober-/Unterhitze *170–200 °C (vorgeheizt)*
Heißluft *160–170 °C (nicht vorgeheizt)*
Gas *Stufe 2–3 (vorgeheizt)*
Backzeit *35–45 Minuten.*

Für die Buttercreme
aus

1 Päckchen
Pudding-Pulver
Vanille-Geschmack *mit*
100 g Zucker
500 ml (¹/₂ l)
kalter Milch *nach der Vorschrift auf dem Päckchen einen*
Pudding zubereiten, kalt stellen, ab und zu
durchrühren
125 g Butter *geschmeidig rühren (Foto 1), den Pudding*
eßlöffelweise daruntergeben (darauf achten,
daß weder Fett noch Pudding zu kalt sind,
da dann die sogenannte Gerinnung eintritt).

Für den Krokant

1 Msp. Butter
60 g Zucker
125 g abge-
zogene,
gehackte
Mandeln *unter Rühren so lange erhitzen, bis der*
Krokant genügend gebräunt ist, ihn auf ein
Stück Alufolie geben, erkalten lassen, den
Kranz zweimal durchschneiden (Foto 2),
die untere Gebäcklage mit

roter Konfitüre,
z. B. Kirsch-
konfitüre *bestreichen, die 3 Gebäcklagen mit Butter-*
creme zu einem Kranz zusammensetzen
(Foto 3), ihn mit Creme bestreichen (etwas
zurücklassen), mit Krokant bestreuen
(Foto 4), mit zurückgelassener Creme
verzieren, mit

Kirschen oder
roter Konfitüre *garnieren (das Gebäck am besten einen Tag*
vor dem Verzehr füllen).
Tip *Den Kranz in einer Springform mit Rohr-*
boden (Ø etwa 24 cm) backen.

Guglhupf
(Hefeteig)

**1 Päckchen
Trockenbackhefe** *mit*
**1 TL Zucker
200 ml lauwarmer
Schlagsahne** *in einem Schüsselchen sehr sorgfältig anrühren (Foto1), etwa 15 Minuten bei
Zimmertemperatur stehen lassen*

500 g Weizenmehl *in eine Rührschüssel sieben, in die Mitte eine
Vertiefung eindrücken (Foto 2)*

**125 g Zucker
1 Päckchen
Vanillin-Zucker
6 Tropfen Backöl
Zitrone
1 Prise Salz
75 g abgezogene,
gemahlene
Mandeln
3 Eier
200 g zerlassene,
abgekühlte
Margarine oder
Butter** *an den Rand des Mehls geben, die angesetzte
Hefe in die Vertiefung geben, die Zutaten mit
Handrührgerät mit Knethaken zunächst auf
niedrigster, dann auf höchster Stufe in etwa
5 Minuten zu einem Teig verarbeiten (Foto 3)
den Teig abgedeckt an einem warmen Ort so
lange stehen lassen, bis er sich sichtbar
vergrößert hat, ihn dann auf höchster Stufe
nochmals gut durchkneten*

150 g Rosinen *kurz auf mittlerer Stufe unterkneten, den Teig
in eine gefettete, mit*

Semmelbröseln *ausgestreute Napfkuchenform (Foto 4 –
Ø 24 cm) füllen, nochmals so lange an
einem warmen Ort gehen lassen, bis er sich
sichtbar vergrößert hat*

Ober-/Unterhitze *170–200 °C (vorgeheizt)*
Heißluft *160–170 °C (nicht vorgeheizt)*
Gas *Stufe 2–3 (nicht vorgeheizt)*
Backzeit *etwa 50 Minuten.*

Omas Nußkuchen

(Rührteig)

	Für den Teig
150 g Haselnuß-kerne	*mahlen (Foto 1), auf einem Backblech im Backofen leicht rösten*
100 g Haselnuß-kerne	*fein hacken (Foto 2)*
275 g weiche Butter	*mit Handrührgerät mit Rührbesen auf höchster Stufe in etwa $1/2$ Minute geschmeidig rühren, nach und nach*
175 g Zucker **1 Päckchen Vanillin-Zucker**	*unterrühren, so lange rühren, bis eine gebundene Masse entstanden ist*
4 Eier	*nach und nach unterrühren (jedes Ei etwa $1/2$ Minute)*
200 g Weizenmehl	*mit*
1 gestrichenen TL Backpulver	*mischen, sieben, eßlöffelweise auf mittlerer Stufe unterrühren, alle Haselnußkerne unter den Teig heben (Foto 3), den Teig in eine gefettete, mit Pergamentpapier ausgelegte Kastenform (30 x 11 cm) füllen, die Form auf dem Rost in den Backofen schieben*
Ober-/Unterhitze	*170–200 °C (vorgeheizt)*
Heißluft	*160–170 °C (nicht vorgeheizt)*
Gas	*Stufe 2–3 (nicht vorgeheizt)*
Backzeit	*60–70 Minuten* *den heißen gebackenen Kuchen mehrmals mit einem Holzstäbchen einstechen (Foto 4), ihn von allen Seiten mit*
5 EL Rum	*bestreichen.*
	Zum Aprikotieren
4 EL Aprikosen-konfitüre	*durch ein Sieb streichen, mit*
3 EL Wasser	*verrühren, aufkochen lassen, den Kuchen damit bestreichen, gut auskühlen lassen.*
	Für den Guß
100 g Schokolade	*in kleine Stücke brechen, mit*
25 g Kokosfett	*in einem kleinen Topf im Wasserbad bei schwacher Hitze zu einer geschmeidigen Masse verrühren, den erkalteten Kuchen damit bestreichen.*

Orangenkuchen

(Rührteig)

Für den Teig

150 g weiche Margarine oder Butter mit Handrührgerät mit Rührbesen auf höchster Stufe in etwa $1/2$ Minute geschmeidig rühren, nach und nach

**150 g Zucker
1 Päckchen Vanillin-Zucker
Salz
gelbe Schale von 1 Orange (unbehandelt)** abreiben (Foto 1), unterrühren, so lange rühren, bis eine gebundene Masse entstanden ist

3 Eier nach und nach unterrühren (jedes Ei etwa $1/2$ Minute)

150 g Weizenmehl mit
1 gestrichenen TL Backpulver mischen, sieben, in 2 Teilmengen auf mittlerer Stufe unterrühren, den Teig in eine gefettete Rehrückenform (30 x 11 cm) füllen (Foto 2), die Form auf dem Rost in den Backofen schieben

Ober-/Unterhitze 180–200 °C (vorgeheizt)
Heißluft: 160–180 °C (nicht vorgeheizt)
Gas Stufe 3–4 (nicht vorgeheizt)
Backzeit etwa 45 Minuten.

Zum Tränken

**125 ml ($1/8$ l) Orangensaft
etwas abgeriebener gelber Orangen- und Zitronenschale (unbehandelt)** mit

75 g Zucker verrühren, den Kuchen nach dem Backen stürzen (Foto 3), wieder in die Form geben, die flache Seite mit einem Holzstäbchen mehrmals einstechen (Foto 4), mit etwas Saft beträufeln (am besten mit einem Pinsel), kurz einziehen lassen den Kuchen wieder stürzen, die gewölbte Seite einstechen, mit dem restlichen Saft beträufeln, den erkalteten Kuchen mit
Puderzucker bestäuben.

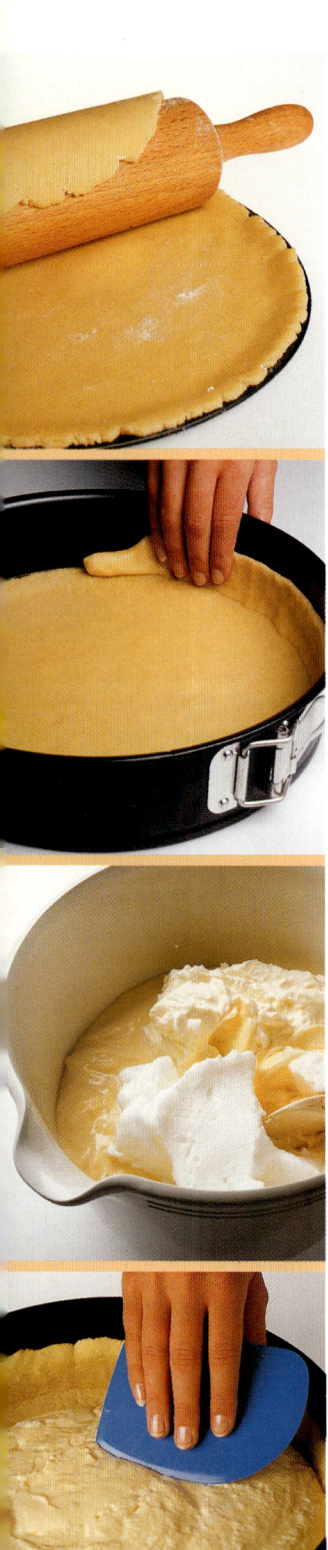

Käsekuchen
(Knetteig)

Für den Teig

150 g Weizenmehl   *mit*
1/2 gestr. TL
Backpulver   *mischen, in eine Rührschüssel sieben*
75 g Zucker
1 Päckchen
Vanillin-Zucker
Salz, 1 Ei
75 g weiche Butter   *hinzufügen, die Zutaten mit Handrührgerät mit Knethaken zunächst kurz auf niedrigster, dann auf höchster Stufe gut durcharbeiten, anschließend auf der Arbeitsfläche zu einem glatten Teig verkneten, sollte er kleben, ihn eine Zeitlang kalt stellen, gut 2/3 des Teiges auf dem gefetteten Boden einer Springform (Ø etwa 28 cm) ausrollen (Foto 1), unter den Rest des Teiges*
1 EL Weizenmehl   *kneten, zu einer Rolle formen, sie als Rand auf den Teigboden legen, so an die Form drücken, daß ein etwa 3 cm hoher Rand entsteht (Foto 2), den Teigboden mehrmals mit einer Gabel einstechen*
Ober-/Unterhitze   *200–220 °C (vorgeheizt)*
Heißluft   *180–200 °C (nicht vorgeheizt)*
Gas   *Stufe 3–4 (vorgeheizt)*
Backzeit   *etwa 10 Minuten.*

Für die Füllung

750 g Speisequark   *mit*
150 g Zucker
3 EL Zitronensaft
50 g Speisestärke
4 Eigelb   *gut verrühren*
4 Eiweiß   *steif schlagen*
200 ml Schlag-
sahne   *steif schlagen, beide Zutaten unter die Quarkmasse heben (Foto 3), gleichmäßig auf den vorgebackenen Boden streichen (Foto 4)*
Ober-/Unterhitze   *etwa 170 °C (vorgeheizt)*
Heißluft   *etwa 150 °C (nicht vorgeheizt)*
Gas   *Stufe 2–3 (nicht vorgeheizt)*
Backzeit   *70–80 Minuten*
den Kuchen nach der Backzeit (Backofen ausschalten) noch 20 Minuten bei leicht geöffneter Backofentür im Backofen stehen lassen.

Mohnkuchen
in einer Springform
(Knetteig)

	Für den Teig
175 g Weizenmehl	*mit*
1 Msp. Backpulver	*mischen, auf die Tischplatte sieben, in die Mitte eine Vertiefung eindrücken*
65 g Zucker	
1 Päckchen	
Vanillin-Zucker	*hineingeben*
100 g kalte Butter	*in Stücke schneiden, auf den Zucker geben (Foto 1), mit Mehl bedecken, von der Mitte aus alle Zutaten schnell zu einem glatten Teig verkneten, sollte er kleben, ihn eine Zeitlang kalt stellen, $2/3$ des Teiges auf dem Boden einer Springform (Ø etwa 28 cm) ausrollen, mehrmals mit einer Gabel einstechen, im Backofen hellgelb backen*
Ober-/Unterhitze	*200–220 °C (vorgeheizt)*
Heißluft	*180–200 °C (nicht vorgeheizt)*
Gas	*Stufe 3–4 (vorgeheizt)*
Backzeit	*etwa 15 Minuten*
	den Boden erkalten lassen, den Rest des Teiges zu einer Rolle formen, sie als Rand auf den Boden legen, so an die Form drücken, daß der Rand knapp 3 cm hoch wird (Foto 2).

	Für die Füllung
150 g Mohn	*mahlen*
4 Eigelb	*mit*
1 EL warmem	
Wasser	*schaumig schlagen, $2/3$ von*
150 g Zucker	*nach und nach dazugeben, so lange schlagen, bis eine cremeartige Masse entstanden ist*
5 Tropfen	
Backöl Zitrone	
Salz	*unter die Eigelbcreme mischen*
4 Eiweiß	*steif schlagen, unter ständigem Schlagen nach und nach den Rest des Zuckers dazugeben den Schnee auf die Eigelbcreme geben (Foto 3)*
50 g Speisestärke	*darüber sieben*
50 g Rosinen	
50 g gewürfeltes	
Zitronat (Sukkade)	*und den Mohn darauf streuen*

(Fortsetzung Seite 36)

alles vorsichtig unter die Eigelbcreme ziehen (nicht rühren – Foto 4), die Masse auf den vorgebackenen Boden füllen, glattstreichen, in den Backofen schieben

Ober-/Unterhitze	180–200 °C (vorgeheizt)
Heißluft	160–180 °C (nicht vorgeheizt)
Gas	Stufe 3–4 (vorgeheizt)
Backzeit	25–30 Minuten.

Rosinenbrot
(Hefeteig)

500 g Weizenmehl	in eine Schüssel sieben, in die Mitte eine Vertiefung eindrücken
1 Päckchen (42 g) Frischhefe	hineinbröckeln (Foto 1), etwas von
200 ml lauwarmer Milch oder Schlagsahne	dazugeben, mit etwas Mehl und 2 Teelöffeln von
100 g Zucker	bestreuen, abgedeckt an einem warmen Ort gehen lassen, bis sich der Teig sichtbar vergrößert hat die restliche Milch, Zucker,
2 Eier	
1 Prise Salz	dazugeben (Foto 2)
75 g weiche Butter	in Flöckchen auf dem Mehl verteilen, alles mit Handrührgerät mit Knethaken zu einem glatten Teig verarbeiten, den Teig an einem warmen Ort gehen lassen, bis er sich sichtbar vergrößert hat
150 g Rosinen	unterkneten (Foto 3) den Teig in eine gefettete Kastenform (30 x 11 cm) legen, mehrfach diagonal mit einem scharfen, spitzen Messer einritzen (Foto 4), abgedeckt nochmals gehen lassen, bis der Teig sich sichtbar vergrößert hat, in den Backofen schieben

Ober-/Unterhitze	180–200 °C (vorgeheizt)
Heißluft	150–170 °C (nicht vorgeheizt)
Gas	Stufe 3–4 (vorgeheizt)
Backzeit	etwa 50 Minuten.
Tip	Das Rosinenbrot eignet sich sehr gut zum Einfrieren.

Weißbrot

(Hefeteig)

Für den Hefeteig

500 g Weizenmehl (Type 405)	*in eine Rührschüssel sieben, mit*
1 Päckchen Trockenbackhefe	*sorgfältig vermischen*
1 gestr. TL Zucker	
1 schwach geh. TL Salz	
2 Eier	
1 Eigelb	
etwa 150 ml lauwarme Milch	
1 Becher (150 g) Crème fraîche	*hinzufügen (Foto 1), die Zutaten mit Hand-rührgerät mit Knethaken zunächst auf nied-rigster, dann auf höchster Stufe in etwa 5 Minuten zu einem glatten Teig verarbeiten, abgedeckt an einem warmen Ort so lange stehen lassen, bis er sich sichtbar vergrößert hat*
Semmelbröseln	*den Teig in eine gefettete, mit ausgestreute Kastenform (30 x 11 cm) geben (Foto 2), nochmals an einem warmen Ort gehen lassen, bis er sich sichtbar vergrößert hat (Foto 3), den Teig der Länge nach etwa 1 cm tief einschneiden (nicht drücken – Foto 4), mit Wasser bestreichen*
Ober-/Unterhitze	*170–200 °C (vorgeheizt)*
Heißluft	*etwa 160 °C (nicht vorgeheizt)*
Gas	*Stufe 3–4 (nicht vorgeheizt)*
Backzeit	*40–50 Minuten.*
Tip	*Unter den Teig angebratene Speck- und Zwiebelwürfel kneten, dafür 75 g gewürfel-ten, durchwachsenen Speck mit den Würfeln von 1 abgezogenen Zwiebel andünsten, unter den Teig kneten.*

Zwiebelkuchen/Pizza

(Hefeteig)

Für den Teig

250 g Weizenmehl *in eine Rührschüssel sieben, mit*
¹/₂ Päckchen
(1 TL) Trocken-
backhefe *sorgfältig vermischen*
125 ml (¹/₈ l)
lauwarme Milch
50 g lauwarme
Butter
1 Prise Salz *hinzufügen, die Zutaten mit Handrührgerät mit Knethaken zunächst kurz auf niedrigster, dann auf höchster Stufe in etwa 5 Minuten zu einem Teig verarbeiten, sollte er kleben, noch etwas Mehl hinzufügen (aber nicht zu viel, der Teig muß weich bleiben) den Teig an einem warmen Ort so lange abgedeckt stehen lassen, bis er sich sichtbar vergrößert hat, auf der Tischplatte nochmals kurz durchkneten.*

Für den Zwiebelkuchen
den Teig auf dem gefetteten Boden einer Springform (Ø etwa 28 cm) ausrollen (Foto 1), am Rand 2–3 cm hochdrücken (Foto 2).

Für den Belag

30 g Butter *zerlassen*
500 g abgezogene,
gewürfelte
Zwiebeln *darin glasig dünsten lassen*
1 EL Weizenmehl *mit*
3 Eiern
2 Bechern (je 150 g)
saurer Sahne
Kümmel, Salz *verrühren, mit den Zwiebeln vermengen, die Masse in die Springform geben (Foto 3), gleichmäßig auf dem Teig verstreichen*

50 g durch-
wachsenen Speck *in Würfel schneiden, über die Zwiebelmasse streuen (Foto 4), nochmals an einem warmen Ort stehen lassen, bis der Teig sich sichtbar vergrößert hat, die Form auf dem Rost in den Backofen schieben.*

Für die Pizza
den Teig zu einer Platte (Ø etwa 30 cm) aus-
rollen (Foto 1), in die gefettete Form geben,
mehrmals mit einer Gabel einstechen.

Für den Belag

175 g Salami- scheiben	*vierteln*
4 Tomaten	*waschen, die Stengelansätze herausschnei- den, die Tomaten in Scheiben schneiden*
1 rote Paprika- schote	*halbieren, entstielen, entkernen, die weißen Scheidewände entfernen, die Schoten waschen, in Streifen schneiden (Foto 2)*
3–4 Peperoni (aus dem Glas)	*abtropfen lassen, die 4 Zutaten abwechselnd auf den Teig legen*
100–150 g Hart- käse	*raspeln (Foto 3), über den Belag streuen (Foto 4), mit*
Salz frisch ge- mahlenem Pfeffer gerebeltem Rosmarin gerebeltem Thymian	*bestreuen, den Teig nochmals so lange an einem warmen Ort stehen lassen, bis er etwa doppelt so hoch ist, in den Backofen schieben*
Ober-/Unterhitze	*200–220 °C (vorgeheizt)*
Heißluft	*170–180 °C (nicht vorgeheizt)*
Gas	*Stufe 4–5 (nicht vorgeheizt)*
Backzeit	*etwa 30 Minuten.*

Blechkuchen: Der Name paßt gar nicht zu den Köstlichkeiten direkt aus dem Backofen.

Ein Blech voll Kuchen ist im Nu fertig. Ideal für den großen Kuchenhunger bei Festen, Gartenpartys oder für die große Kaffeerunde.

Der Genuß wird garantiert: Denken Sie nur an einen knusprigen Bienenstich, den fruchtigen Geschmack von Obstkuchen oder gar an den verführerischen Duft eines warmen leckeren Apfelstrudels.

Butterkuchen

(Hefeteig – Foto Seite 42/43)

Für den Teig

375 g Weizenmehl *in eine Rührschüssel sieben, mit*

1 Päckchen
Trockenbackhefe *sorgfältig vermischen*

50 g Zucker
1 Päckchen
Vanillin-Zucker
1 Prise Salz
200 ml lauwarme
Milch
75 g zerlassene,
abgekühlte Butter *hinzufügen*

die Zutaten mit Handrührgerät mit Knet-
haken zunächst auf niedrigster, dann auf
höchster Stufe in etwa 5 Minuten zu einem
Teig verarbeiten, sollte er kleben, noch etwas
Mehl hinzufügen (aber nicht zu viel, der Teig
muß weich bleiben), den Teig abgedeckt so
lange an einem warmen Ort stehen lassen,
bis er sich sichtbar vergrößert hat, ihn aus
der Schüssel nehmen, auf einem gefetteten
Backblech ausrollen (Foto 1), mit zwei
Fingern gleichmäßige Vertiefungen in den
Teig drücken.

Für den Belag

125 g Butter *in Flöckchen gleichmäßig auf den Teig setzen*
(Foto 2), oder zerlassen darauf streichen

75 g Zucker *mit*
1 Päckchen
Vanillin-Zucker *mischen, darüberstreuen (Foto 3)*
50 g abgezogene,
gehobelte
Mandeln *gleichmäßig darüber verteilen (Foto 4), den*
Teig nochmals so lange an einem warmen
Ort gehen lassen, bis er sich sichtbar ver-
größert hat, das Backblech in den Backofen
schieben

Ober-/Unterhitze *200–220 °C (vorgeheizt)*
Heißluft *170–180 °C (nicht vorgeheizt)*
Gas *Stufe 4–5 (vorgeheizt)*
Backzeit *etwa 15 Minuten.*
Tip *250 ml (1/4 l) Schlagsahne steif schlagen,*
sofort nach dem Backen gleichmäßig auf den
Butterkuchen streichen.

Streuselkuchen

(Hefeteig)

Für den Teig

375 g Weizenmehl	in eine Rührschüssel sieben, mit
1 Päckchen Trockenbackhefe	sorgfältig vermischen (Foto 1)
50 g Zucker	
1 Päckchen Vanillin-Zucker	
1 Prise Salz	
200 ml lauwarme Milch	
75 g zerlassene Butter oder Margarine	hinzufügen, die Zutaten mit Handrührgerät mit Knethaken zunächst auf niedrigster, dann auf höchster Stufe in etwa 5 Minuten zu einem Teig verarbeiten, sollte er kleben, noch etwas Mehl hinzufügen (aber nicht zu viel, der Teig muß weich bleiben)

den Teig abgedeckt so lange an einem warmen Ort stehen lassen, bis er sich sichtbar vergrößert hat, aus der Schüssel nehmen, auf der Tischplatte nochmals kurz durchkneten (Foto 2), auf einem gefetteten Backblech ausrollen, vor den Teig einen mehrfach umgeknickten Streifen Alufolie legen.

Für die Streusel

300 g Weizenmehl	in eine Rührschüssel sieben, mit
150 g Zucker	
1 Päckchen Vanillin-Zucker	mischen
150–200 g weiche Butter	hinzufügen, alle Zutaten mit dem Handrührgerät mit Knethaken zu Streuseln von gewünschter Größe verarbeiten (Foto 3), gleichmäßig auf dem Teig verteilen (Foto 4)

den Teig nochmals so lange an einem warmen Ort gehen lassen, bis er sich sichtbar vergrößert hat, das Backblech in den Backofen schieben

Ober-/Unterhitze	200–220 °C (vorgeheizt)
Heißluft	170–180 °C (nicht vorgeheizt)
Gas	Stufe 4–5 (vorgeheizt)
Backzeit	15–20 Minuten.

Haselnußkranz

(Knetteig)

	Für den Teig
300 g Weizenmehl	mit
2 gestr. TL	
Backpulver	mischen, in eine Rührschüssel sieben
100 g Zucker	
1 Päckchen	
Vanillin-Zucker	
1 Prise Salz	
1 Ei	
2 EL Milch	
125 g weiche	
Butter oder	
Margarine	hinzufügen

die Zutaten mit Handrührgerät mit Knethaken zunächst kurz auf niedrigster, dann auf höchster Stufe gut durcharbeiten, anschließend auf der Tischplatte zu einem glatten Teig verkneten (Foto 1), sollte er kleben, ihn eine Zeitlang kalt stellen.

	Für die Füllung
200 g gemahlene	
Haselnußkerne	mit
100 g Zucker	
4–5 Tropfen Back-	
öl Bittermandel	
$^{1}/_{2}$ Eigelb	
1 Eiweiß	
3–4 EL Wasser	verrühren (Foto 2), so daß eine geschmeidige Masse entsteht, den Teig zu einem Rechteck (etwa 35 x 45 cm) ausrollen, die Nußmasse darauf streichen (Foto 3), als Kranz auf ein gefettetes Backblech legen
$^{1}/_{2}$ Eigelb	mit
1 EL Milch	verschlagen, den Kranz damit bestreichen, sternförmig etwa 1 cm tief einschneiden (Foto 4), das Blech in den Backofen schieben
Ober-/Unterhitze	170–200 °C (vorgeheizt)
Heißluft	160–170 °C (nicht vorgeheizt)
Gas	Stufe 3–4 (vorgeheizt)
Backzeit	etwa 45 Minuten.

Wiener Apfelstrudel
(Strudelteig)

	Für den Teig
200 g Weizenmehl	*auf die Tischplatte sieben, in die Mitte eine Vertiefung eindrücken*
1 Prise Salz	*hineingeben, nach und nach*
75 ml (5 EL) lauwarmes Wasser	
50 g zerlassene Butter	*oder*
3 EL Speiseöl	*mit einem Teil des Mehls zu einem dicken Brei verarbeiten, mit Mehl bedecken, von der Mitte aus alle Zutaten schnell zu einem glatten Teig verkneten, ihn auf Pergamentpapier in einen heißen, trockenen Kochtopf (vorher Wasser darin kochen) legen, mit einem Deckel verschließen, 1/2 Stunde ruhen lassen.*
	Für die Füllung
1–1¹/₂ kg Äpfel	*schälen, vierteln, entkernen, in feine Stifte schneiden*
1 Fläschchen Rum-Aroma	
3 Tropfen Backöl Zitrone	*untermischen*
75 g Butter	*zerlassen*
	den Strudelteig auf einem bemehlten, großen, weißen Tuch (Küchentuch) ausrollen (Foto 1), dünn mit etwas von dem Fett bestreichen, den Teig anheben (Foto 2), über den Handrücken zu einem Rechteck (50 x 70 cm) ausziehen (Foto 3), er muß durchsichtig sein, die Ränder, wenn sie dicker sind, abschneiden 2/3 des Fettes auf den Teig streichen
50 g Semmelbrösel	*auf den Teig streuen (an den kürzeren Seiten etwa 3 cm frei lassen) nacheinander Äpfel,*
50 g Rosinen	
100 g Zucker	
1 Päckchen Vanillin-Zucker	
50 g abgezogene, gehackte Mandeln	*auf der Hälfte des Teiges verteilen, die frei gebliebenen Teigränder auf die Füllung schlagen, den Teig von der längeren Seite her, mit der Füllung beginnend, aufrollen (Foto 4),*

an den Enden gut zusammendrücken, auf ein gefettetes Backblech legen, mit Fett bestreichen, das Backblech in den Backofen schieben

Ober-/Unterhitze	170–200 °C (vorgeheizt)
Heißluft	160–170 °C (nicht vorgeheizt)
Gas	Stufe 3–4 (vorgeheizt)
Backzeit	45–55 Minuten

während des Backens den Strudel mit der restlichen Butter bestreichen.

Abwandlung   Anstelle eines großen 2 kleine Strudel backen.

Eierschecke

(Hefeteig)

Für den Teig

375 g Weizenmehl	in eine Rührschüssel sieben, mit
1 Päckchen	
Trockenbackhefe	sorgfältig vermischen
50 g Zucker	
1 Päckchen	
Vanillin-Zucker	
1 Prise Salz	
1 Ei	
200 ml lauwarme	
Milch	
50 g zerlassene,	
abgekühlte Butter	hinzufügen

die Zutaten mit Handrührgerät mit Knethaken zunächst auf niedrigster, dann auf höchster Stufe in etwa 5 Minuten zu einem Teig verarbeiten, sollte er kleben, noch etwas Mehl hinzufügen (aber nicht zu viel, der Teig muß weich bleiben), den Teig abgedeckt so lange an einem warmen Ort stehen lassen, bis er sich sichtbar vergrößert hat (etwa 30 Minuten), ihn aus der Schüssel nehmen, auf der Tischplatte nochmals kurz durchkneten, in einer gefetteten Fettfangschale ausrollen, an den Rändern etwas hochdrücken.

(Fortsetzung Seite 50)

Eier sind eine entscheidende Zutat beim Backen. Sie werden entsprechend ihrer Frische in Güteklassen und hinsichtlich ihres Gewichtes in Gewichtsklassen eingeteilt.
Zur Verwendung wird das Ei auf einer Kante aufgeschlagen und in ein Gefäß gegeben. Bei Verwendung von mehreren Eiern für ein Gebäck sollte jedes Ei einzeln in einem Gefäß aufgefangen werden. Ein schlechtes Ei kann die ganze Masse verderben.
Zum Trennen von Eigelb und Eiweiß werden die Eier auf einer Kante aufgeschlagen, die Schale auseinandergebrochen. Das Eigelb dann von einer Schalenhälfte in die andere gleiten lassen. Dabei das Eiweiß in einem darunterstehenden Gefäß auffangen. Der Eischnee wird als Lockerungsmittel eingesetzt. Je frischer das Eiweiß ist, desto besser läßt es sich steif schlagen. Das kalte Eiweiß wird in einem sauberen, fettfreien Gefäß mit dem Rührbesen des elektrischen Handrührgerätes oder mit dem Schneebesen steif geschlagen.

Für den Quarkbelag

**500 g abgetropf-
ten Speisequark
(Magerstufe)** *mit*
**30 g weicher
Butter
80 g Zucker
1 Ei
2 Tropfen Backöl
Bittermandel
2 EL Milch
1 Päckchen
Käsekuchen-Hilfe** *gut verrühren (Foto 1)*
40 g Rosinen *verlesen, unterrühren*
*die Masse gleichmäßig auf den Teig streichen
(Foto 2).*

Für die Eiercreme
aus

**1 Päckchen
Dessert-Soße
Vanille-
Geschmack
30 g Zucker
250 ml (¹/₄ l)
Milch** *nach der Vorschrift auf dem Päckchen (aber
nur mit ¹/₄ l Milch) einen Pudding zubereiten,
unter Rühren erkalten lassen*
100 g Butter *geschmeidig rühren, nach und nach*
**75 g gesiebten
Puderzucker** *unterrühren, die Masse mit*
3 Eigelb *unter den kalten Pudding rühren*
3 Eiweiß *steif schlagen, vorsichtig unter die Creme
rühren (Foto 3), die Creme auf den
Quarkbelag streichen (Foto 4)
den Teig nochmals an einem warmen Ort
stehen lassen, bis er sich sichtbar vergrößert
hat, die Fettfangschale in den Backofen
schieben*
Ober-/Unterhitze *170–200 °C (vorgeheizt)*
Heißluft *160–170 °C (nicht vorgeheizt)*
Gas *Stufe 3–4 (vorgeheizt)*
Backzeit *etwa 30 Minuten.*

Gerollte Schnitten

(Knetteig)

Für den Teig

150 g Weizenmehl	*mit*
4 gestr. TL Backpulver	*mischen, in eine Rührschüssel sieben*
75 g Speisequark	
50 ml Milch	
50 ml Speiseöl	
40 g Zucker	
1 Prise Salz	*hinzufügen, die Zutaten mit Handrührgerät mit Knethaken auf höchster Stufe in etwa 1 Minute verarbeiten (nicht zu lange, Teig klebt sonst), anschließend auf der bemehlten Arbeitsfläche zu einer Rolle formen (Foto 1).*

Für die Füllung

100 g Marzipan-Rohmasse	*mit*
50 g Butter	
1 Eigelb	*mit Handrührgerät mit Rührbesen zu einer geschmeidigen Masse verrühren*
125 g Rosinen	*mit*
50 g gehackten Haselnußkernen	
25 g sehr fein gehacktem Zitronat	
1 Msp. Zimt	*mischen, den Teig auf der leicht mit Mehl bestäubten Arbeitsfläche zu einem Quadrat (30 x 30 cm) ausrollen, mit der Marzipanmasse bestreichen, die Rosinenmischung darauf verteilen (Foto 2), leicht andrücken, den Teig aufrollen, auf ein mit Backpapier belegtes Backblech legen, der Länge nach (etwa 25 cm) etwa 2^1/$_2$ cm tief einschneiden (Foto 3), etwas auseinanderziehen, die Seiten wieder andrücken*
Ober-/Unterhitze	*170–200 °C (vorgeheizt)*
Heißluft	*etwa 160 °C (nicht vorgeheizt)*
Gas	*Stufe 3–4 (vorgeheizt)*
Backzeit	*25–35 Minuten.*

Für den Guß

80 g Puderzucker	*sieben, mit so viel von*
1–2 EL Rum	*glattrühren, das heiße Gebäck damit bestreichen (Foto 4), fest werden lassen, in 1–2 cm breite Schnitten schneiden.*

Pflaumenkuchen mit Streuseln

(Hefeteig)

	Für den Teig
375 g Weizenmehl	in eine Rührschüssel sieben, mit
1 Päckchen Trockenbackhefe	sorgfältig vermischen
50 g Zucker	
1 Prise Salz	
200 ml lauwarme Milch	
75 g zerlassene, lauwarme Butter	hinzufügen, die Zutaten mit Handrührgerät mit Knethaken zunächst auf niedrigster, dann auf höchster Stufe in etwa 5 Minuten zu einem Teig verarbeiten, den Teig abgedeckt so lange an einem warmen Ort stehen lassen, bis er sich sichtbar vergrößert hat.

	Für den Belag
2¹/₂ kg Pflaumen oder Zwetschen	waschen, gut abtropfen lassen, trockentupfen, halbieren, entsteinen.

	Für die Streusel
300 g Weizenmehl	in eine Rührschüssel sieben
120 g Zucker	
1 Päckchen Vanillin-Zucker	
200 g Butter in Flöckchen	hinzufügen, die Zutaten mit Handrührgerät mit Knethaken des Handrührgerätes zu Streuseln von gewünschter Größe verarbeiten (Foto 1), den gegangenen Teig aus der Schüssel nehmen, auf der Arbeitsfläche nochmals gut durchkneten, in einer gefetteten Fettfangschale ausrollen (Foto 2), den Teig mit der Pflaumen – Innenseite nach oben – schuppenförmig belegen (Foto 3), die Streusel gleichmäßig darüber verteilen (Foto 4), den Teig nochmals so lange an einem warmen Ort gehen lassen, bis er sich sichtbar vergrößert hat
Ober-/Unterhitze	200–220 °C (vorgeheizt)
Heißluft	etwa 170 °C (nicht vorgeheizt)
Gas	Stufe 4–5 (vorgeheizt)
Backzeit	20–30 Minuten.

Bienenstich

(Hefeteig)

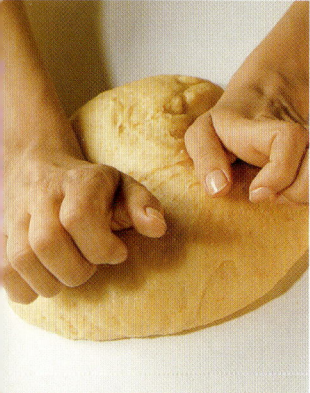

Für den Teig

375 g Weizenmehl	in eine Rührschüssel sieben, mit
1 Päckchen Trockenbackhefe	sorgfältig vermischen
50 g Zucker	
1 Prise Salz	
200 ml lauwarme Milch	

75 g zerlassene, abgekühlte Butter — hinzufügen, mit Handrührgerät mit Knethaken zunächst auf niedrigster, dann auf höchster Stufe in etwa 5 Minuten zu einem Teig verarbeiten, den Teig abgedeckt so lange an einem warmen Ort stehen lassen, bis er sich sichtbar vergrößert hat, den Teig nochmals kurz durchkneten (Foto 1), auf einem gefetteten Backblech ausrollen, mit einer Gabel einstechen.

Für den Belag

100 g Butter	mit
150 g Zucker	
2–3 EL Milch	unter Rühren zerlassen

200 g abgezogene, gehobelte Mandeln — unterrühren, zum Kochen bringen, von der Kochstelle nehmen

1 EL Honig — unterrühren, die Masse etwas abkühlen lassen, gleichmäßig auf dem Teig verteilen (Foto 2), den Teig so lange an einem warmen Ort gehen lassen, bis er sich sichtbar vergrößert hat, in den Backofen schieben

Ober-/Unterhitze	200–220 °C (vorgeheizt)
Heißluft	160–170 °C (nicht vorgeheizt)
Gas	Stufe 3–4 (vorgeheizt)
Backzeit	etwa 15 Minuten.

Für die Füllung aus

2 Päckchen Pudding-Pulver Vanille	
75 g Zucker	
750 ml (³/4 l) Milch	nach Vorschrift auf dem Päckchen (aber nur mit ³/4 l Milch) einen Pudding zubereiten,

(Fortsetzung Seite 58)

kalt stellen, ab und zu durchrühren

250 ml (¹/₄ l)
Schlagsahne *¹/₂ Minute schlagen*
1 Päckchen
Sahnesteif *einstreuen, die Sahne steif schlagen, vorsichtig unter den Pudding rühren, das erkaltete Gebäck vierteln, jedes Stück waagerecht durchschneiden (Foto 3), mit der Creme füllen (Foto 4).*

Hefekranz
(Hefeteig)

500 g Weizenmehl *in eine Rührschüssel sieben, mit*
1 Päckchen
Trockenbackhefe *sorgfältig vermischen*
50 g Zucker
1 Prise Salz
1 Becher (150 g)
Crème fraîche
2 Eier
150 ml lauwarme
Schlagsahne
75 g zerlassene,
abgekühlte Butter *hinzufügen, alles mit Handrührgerät mit Knethaken zuerst auf der niedrigsten, dann auf der höchsten Stufe in etwa 5 Minuten zu einem Teig verarbeiten, den Teig so lange an einem warmen Ort stehen lassen, bis er sich sichtbar vergrößert hat, ihn dann nochmals gut durchkneten, aus dem Teig etwa 70 cm lange Rollen formen, diese umeinanderschlingen (Foto 1), als Kranz auf ein gefettetes Backblech legen, mit*
2 EL Milch *bestreichen (Foto 2), nochmals an einem warmen Ort stehen lassen, bis er sich sichtbar vergrößert hat, in den Backofen schieben*
Ober-/Unterhitze *170–200 °C (vorgeheizt)*
Heißluft *160–170 °C (nicht vorgeheizt)*
Gas *Stufe 3–4 (nicht vorgeheizt)*
Backzeit *etwa 35 Minuten*
sofort nach dem Backen

3 EL Aprikosen-
konfitüre *durch ein Sieb streichen, mit*
1 EL Wasser *aufkochen, den Kranz damit bestreichen (Foto 3), mit*
Belegkirschen *verzieren (Foto 4).*

Hefezopf

(Hefeteig)

500 g Weizenmehl	*in eine Rührschüssel sieben, mit*
1 Päckchen Trockenbackhefe	*sorgfältig vermischen*
50 g Zucker	
1 Päckchen Vanillin-Zucker	
1 Prise Salz	
2 Eier	
1 Eiweiß	
250 ml (¹/₄ l) lauwarme Schlagsahne	*hinzufügen, die Zutaten mit einem Hand-rührgerät mit Knethaken zunächst kurz auf niedrigster, dann auf höchster Stufe in etwa 5 Minuten zu einem Teig verarbeiten, sollte er kleben, noch etwas Mehl hinzufügen (aber nicht zu viel, der Teig muß weich bleiben) den Teig so lange an einem warmen Ort ste-hen lassen, bis er sich sichtbar vergrößert hat*
100 g Rosinen	*zugeben, auf höchster Stufe nochmals kurz durchkneten* *aus ²/₃ des Teiges 3 etwa 40 cm lange Rollen formen (Foto 1), flechten (Foto 2), als Zopf auf ein gefettetes Backblech legen, mit einem Rollholz der Länge nach eine Vertiefung ein-drücken*
1 Eigelb	
1 EL Milch	*verschlagen, die Vertiefung mit etwas davon bestreichen, aus dem Rest des Teiges 3 etwa 35 cm lange Rollen formen, daraus einen Zopf flechten (Foto 3), auf den größeren legen, ebenfalls mit Eigelbmilch bestreichen (Foto 4) den Zopf nochmals so lange an einem warmen Ort gehen lassen, bis er sich sichtbar vergrößert hat, in den Backofen schieben*
Ober-/Unterhitze	*170–200 °C (vorgeheizt)*
Heißluft	*160–170 °C (nicht vorgeheizt)*
Gas	*Stufe 3–4 (vorgeheizt)*
Backzeit	*etwa 35 Minuten.*

Mohnkuchen vom Blech
(Quark-Öl-Teig)

	Für den Teig
150 g Speisequark	*mit*
6 EL Milch	
6 EL Speiseöl	
75 g Zucker	
1 Päckchen Vanille-Zucker	
1 Prise Salz	*verrühren*
300 g Weizenmehl	*mit*
1 Päckchen Backpulver	*mischen, sieben, die Hälfte davon unterrühren, den Rest des Mehls unterkneten, den Teig auf einem gefetteten Backblech ausrollen.*

	Für den Belag
250 g gemahlenen Mohn	*mit heißem Wasser übergießen, gut abtropfen lassen*
50 g Rosinen	
1 Päckchen Pudding-Pulver Vanille-Geschmack	*mit*
50 g Grieß	
200 g Zucker	*mischen, mit 8 Eßlöffeln von*
750 ml (³/₄ l) kalter Milch	*anrühren, die übrige Milch zum Kochen bringen, das Pudding-Pulver unter Rühren in die von der Kochstelle genommene Milch geben (Foto 1), kurz aufkochen lassen, den Mohn, die Rosinen,*
2–3 Tropfen Backöl Zitrone	*unterrühren, die Hälfte davon auf den Teig streichen (Foto 2), unter den Rest*
2 Eigelb	*rühren*
2 Eiweiß	*steif schlagen, unterheben (Foto 3), auf die Mohnmasse streichen (Foto 4)*
Ober-/Unterhitze	*180–200 °C (vorgeheizt)*
Heißluft	*160–180 °C (nicht vorgeheizt)*
Gas	*Stufe 3–4 (vorgeheizt)*
Backzeit	*25–30 Minuten.*

Honigkuchen vom Blech

200 g Honig	leicht erwärmen (Foto 1), mit
375 g Weizenmehl	
2 Eiern	
100 g feinge- **würfeltem** **Zitronat**	
5 g gemahlenem **Zimt**	
5 g gemahlenen **Nelken**	
5 g Pottasche	
100 g abge- **zogenen,** **gemahlenen** **Mandeln**	
125 g Zucker	
75 g weicher **Butter**	in eine Rührschüssel geben, mit Handrühr- gerät mit Knethaken zu einem glatten Teig verkneten, den Teig abdecken und über Nacht ruhen lassen (Foto 2) den Teig nochmals durchrühren, auf einem gefetteten Backblech ausrollen (Foto 3) und backen
Ober-/Unterhitze	etwa 180 °C (vorgeheizt)
Heißluft	etwa 160 °C (nicht vorgeheizt)
Gas	Stufe 3–4 (vorgeheizt)
Backzeit	etwa 20 Minuten nach dem Backen in längliche Stücke oder Rauten schneiden (Foto 4).
Tip	Mit Apfel- oder Birnenkraut und Butter reichen.

In ungezählten Varianten und Möglichkeiten geben Torten jeder Kaffeetafel den speziellen Charakter, verleihen ihr Festlichkeit oder den leichten Charme einer nachmittäglichen Plauderstunde.

Viele Torten haben ihre Geschichte und sind doch immer wieder modern. Neben diesen Klassikern sind auch die Fruchtigen unter den Torten, die Neuen mit viel Obst und wenig Kalorien, im Kommen.

Doch ob Klassik oder Moderne: Der einzigartige Geschmack einer jeden Torte macht sie immer wieder zum Mittelpunkt des Kaffeetisches.

Himbeertorte

(Biskuitteig – Foto Seite 66/67)

Für den Teig

3 Eier
3 EL heißes
Wasser mit Handrührgerät mit Rührbesen auf höchster Stufe in 1 Minute schaumig schlagen

150 g Zucker
1 Päckchen
Vanillin-Zucker *mischen, in 1 Minute einstreuen, dann noch
etwa 2 Minuten schlagen*

100 g Weizenmehl *mit*
100 g Speisestärke
2 gestr. TL
Backpulver *mischen, die Hälfte davon auf die Eiercreme
sieben, kurz auf niedrigster Stufe unterrühren
den Rest des Mehlgemisches auf dieselbe
Weise unterarbeiten
den Teig in eine Springform (Ø 28 cm, Boden
gefettet, mit Backpapier belegt) füllen, die
Form auf dem Rost in den Backofen schieben*

Ober-/Unterhitze *180–200 °C (vorgeheizt)*
Heißluft *etwa 180 °C (nicht vorgeheizt)*
Gas *Stufe 3–4 (vorgeheizt)*
Backzeit *20–30 Minuten
den Tortenboden aus der Form lösen, auf
einen mit Backpapier belegten Kuchenrost
stürzen, erkalten lassen, einmal durchschneiden (Foto 1).*

100 g Halbbitter-
Kuvertüre *in kleine Stücke brechen, in einem kleinen
Topf bei schwacher Hitze auflösen, den unteren Boden und die Gebäckränder damit bestreichen (Foto 2), fest werden lassen.*

Für die Creme

250 g frische oder
TK-Himbeeren *vorsichtig pürieren, es müssen kleine Stücke
erhalten bleiben*

200 g Doppelrahm-
Frischkäse *mit*
1 EL Zitronensaft
50 g Zucker *glattrühren*
400 ml steif-
geschlagene
Schlagsahne *unterziehen, Himbeerpüree unterrühren.
(Foto 3).*

Die Torte mit der Creme zusammensetzen, die Oberfläche mit

**200 ml steif-
geschlagener
Schlagsahne** *bestreichen, mit einem Löffel Vertiefungen eindrücken (Foto 4), mit*

**Himbeeren
Schokospänen** *garnieren.*

Apfel- oder Kirschtorte, gedeckt
(Knetteig)

Für den Teig

300 g Weizenmehl *mit*
**2 gestr. TL
Backpulver** *mischen, in eine Rührschüssel sieben*
100 g Zucker
**1 Päckchen
Vanillin-Zucker**
1 Prise Salz
1/2 Eigelb
1 Eiweiß
1 EL Milch
**200 g weiche
Butter** *hinzufügen*
*die Zutaten mit Handrührgerät mit Knet-
haken zunächst kurz auf niedrigster, dann
auf höchster Stufe gut durcharbeiten, anschließend auf der Tischplatte mit dem
Handballen zu einem glatten Teig verkneten
(Foto 1), sollte er kleben, ihn eine Zeitlang
kalt stellen
knapp die Hälfte des Teiges auf dem gefetteten Boden einer Springform (Ø etwa 28 cm)
ausrollen, mehrmals mit einer Gabel einstechen, Springformring darum geben, die Form
auf dem Rost in den Backofen schieben*

Ober-/Unterhitze *200–220 °C (vorgeheizt)*
Heißluft *170–180 °C (nicht vorgeheizt)*
Gas *Stufe 3–4 (nicht vorgeheizt)*
Backzeit *15–20 Minuten.*

(Fortsetzung Seite 70)

*Glasuren tragen dazu bei, daß die Gebäck-
stücke länger saftig bleiben; d. h. sie ver-
hindern ein schnelles Austrocknen des Gebäcks.*

*Glasuren müssen die richtige Konsistenz
haben, um gut haften zu bleiben und den
Teig gleichmäßig abzu-decken.*

*Zu dünne Glasuren decken nicht ab und
sickern in den Kuchen-teig. Damit die Glasur
nicht in den Teig ein-sickern kann, sollte der
Kuchen vorher mit einer glattgerührten
Konfitüre bestrichen werden.*

*Soll Kleingebäck völlig mit Glasur überzogen
werden, dieses auf einer Gabel eintauchen
und auf einem Kuchen-gitter abtropfen lassen.*

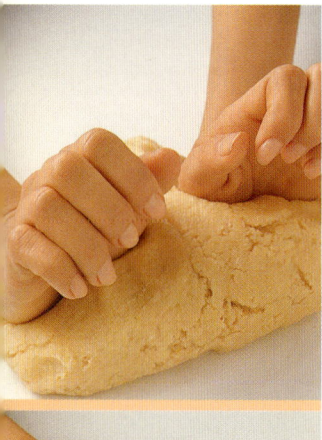

Für die Apfelfüllung

50 g Rosinen verlesen

1 kg Äpfel *schälen, vierteln, entkernen (Foto 2), in kleine Stücke schneiden, mit*

1 EL Wasser
25 g Zucker
¹/₂ TL gemahlenem Zimt *und den Rosinen unter Rühren dünsten (Foto 3), etwas abkühlen lassen, mit*

etwa 50 g Zucker
einigen Tropfen Rum-Aroma oder
Backöl Zitrone *abschmecken.*

oder *Für die Kirschfüllung*

1 kg Sauerkirschen *waschen, abtropfen lassen, entstielen, entsteinen, mit*

100 g Zucker *mischen, kurze Zeit zum Saftziehen stehen lassen, nur eben zum Kochen bringen, abtropfen lassen, wenn Saft und Kirschen kalt sind, 250 ml (¹/₄ l) Saft abmessen (evtl. mit Wasser ergänzen)*

20 g Speisestärke *mit 4 Eßlöffeln von dem Saft anrühren, den übrigen Saft zum Kochen bringen, die Speisestärke unter Rühren in den von der Kochstelle genommenen Saft geben, kurz aufkochen lassen, die Kirschen unterrühren, kalt stellen, mit*

etwa 1 EL Zucker *abschmecken*

den übrigen Teig zu einer Platte in der Größe der Springform ausrollen, den Rest zu einer Rolle formen, sie als Rand auf den vorgebackenen Boden legen, so an die Form drücken, daß ein etwa 3 cm hoher Rand entsteht

die Füllung auf den Boden streichen, die Teigplatte darauf legen

¹/₂ Eigelb *mit*

1 EL Milch *verschlagen, die Teigplatte damit bestreichen, mit einer Gabel mehrmals einstechen oder mit einem Teigrädchen ein Gittermuster rädern (Foto 4), in den Backofen schieben*

Ober-/Unterhitze *200–220 °C (vorgeheizt)*
Heißluft *etwa 170 °C (nicht vorgeheizt)*
Gas *Stufe 3–4 (nicht vorgeheizt)*
Backzeit *20–30 Minuten.*

Feine Schokoladentorte

(Rührteig)

Für den Teig

150 g Butter oder Margarine	mit Handrührgerät mit Rührbesen auf höchster Stufe in etwa ¹/₂ Minute geschmeidig rühren, nach und nach
75 g Zucker **1 Päckchen Vanillin-Zucker** **150 g aufgelöste zartbittere Schokolade** **2 Eier**	
4 Eigelb	unterrühren (jedes Ei etwa ¹/₂ Minute)
150 g Weizenmehl	mit
15–25 g Kakao **1 gestr. TL Backpulver**	mischen, sieben (Foto 1), eßlöffelweise auf mittlerer Stufe unterrühren
4 Eiweiß	steif schlagen, der Schnee muß so fest sein, daß ein Messerschnitt sichtbar bleibt
75 g Zucker	nach und nach unterschlagen, den Schnee vorsichtig unter den Teig heben, in eine Springform (Ø etwa 28 cm, Boden gefettet, mit Backpapier belegt) füllen, glattstreichen, auf dem Rost in den Backofen schieben
Ober-/Unterhitze	170–200 °C (vorgeheizt)
Heißluft	150–160 °C (nicht vorgeheizt)
Gas	Stufe 2–3 (nicht vorgeheizt)
Backzeit	etwa 40 Minuten den Tortenboden auf ein Kuchengitter stürzen (Foto 2), das Backpapier abziehen (Foto 3), gut auskühlen lassen, einmal durchschneiden (Foto 4), den unteren Boden mit 2–3 Eßlöffeln von
4–6 EL Johannisbeergelee	bestreichen, mit dem oberen Boden bedecken, Rand und obere Seite der Torte gleichmäßig mit dem restlichen Gelee bestreichen.

Für den Guß

100 g zartbittere Schokolade	in kleine Stücke brechen, mit
5 EL Schlagsahne	in einem kleinen Topf im Wasserbad bei schwacher Hitze zu einer geschmeidigen Masse verrühren, die Torte damit überziehen.

Prinzregenten-Torte

(Rührteig)

Für den Teig

250 g weiche Margarine oder Butter mit Handrührgerät mit Rührbesen auf höchster Stufe geschmeidig rühren, nach und nach

250 g Zucker
1 Päckchen Vanillin-Zucker
Salz unterrühren, so lange rühren, bis eine gebundene Masse entstanden ist

4 Eier nach und nach unterrühren (jedes Ei etwa $1/2$ Minute)

200 g Weizenmehl mit
50 g Speisestärke
1 gestrichenem TL Backpulver mischen, sieben, eßlöffelweise auf mittlerer Stufe unterrühren
aus dem Teig 7–8 Böden backen, etwa 2 Eßlöffel des Teiges jeweils auf einen gefetteten, mit Backpapier belegten Springformboden (Ø etwa 28 cm) streichen (darauf achten, daß die Teiglage am Rand nicht zu dünn ist, damit der Boden dort nicht zu dunkel wird – Foto 1), jeden Boden ohne Springformrand hellbraun backen

Ober-/Unterhitze 180–200 °C (vorgeheizt)
Heißluft 150–180 °C (nicht vorgeheizt)
Gas Stufe 3–4 (vorgeheizt)
Backzeit 8–10 Minuten
die Böden sofort nach dem Backen vom Springformboden lösen.

Für die Buttercreme
aus

1 Päckchen Pudding-Pulver Schokoladen-Geschmack
100 g Zucker
500 ml ($1/2$ l) kalter Milch nach Anleitung auf dem Päckchen (aber mit 100 g Zucker) einen Pudding zubereiten, kalt stellen, ab und zu durchrühren

(Fortsetzung Seite 76)

Zum Füllen von Ge-
bäck, z. B. Biskuit-
rollen, Torten, Klein-
gebäck usw. bieten
sich verschiedene
Möglichkeiten mit sehr
unterschiedlichen
Geschmacksrichtungen
an.

Die Grundbasis besteht
z. B. aus Pudding,
Buttercreme, Sahne-
creme mit Gelatine,
Schlagsahne mit oder
ohne Früchte, Quark-/
Joghurtcreme mit
Gelatine, Marzipan,
geschmolzener Schoko-
lade oder Kuvertüre,
streichfähiger Kon-
fitüre.

Die Grundbasis kann
zusätzlich je nach
Belieben oder Rezept
abgeschmeckt werden,
z. B. mit Mandeln,
Nüssen, Rum, Kirsch-
wasser, Kaffeepulver,
Schokoladenraspeln,
Krokant, Vanille,
Zitrone usw.

250 g Butter	geschmeidig rühren, den Pudding eßlöffel-weise darunter geben (darauf achten, daß weder Butter noch Pudding zu kalt sind, da dann die sogenannte Gerinnung eintritt – Foto 2), die einzelnen Böden mit der Butter-creme bestreichen (Foto 3), zu einer Torte zusammensetzen, die oberste Schicht soll aus einem Boden bestehen (Foto 4).
	Für den Guß
100 g Schokolade **etwas Kokosfett**	in kleine Stücke brechen, mit in einem kleinen Topf im Wasserbad bei schwacher Hitze zu einer geschmeidigen Masse verrühren, die Torte damit überziehen.
Veränderung	Etwas von der Buttercreme in einen Spritzbeutel füllen, die Torte damit verzieren, mit Schokoladenplätzchen garnieren.

Sahnecremetorte
(Knetteig)

	Für den Teig
150 g Weizenmehl	*mit*
1 Msp. Backpulver	*mischen, in eine Rührschüssel sieben*
40 g Zucker	
1 Päckchen	
Vanillin-Zucker	*hineingeben*
100 g weiche	
Butter oder	
Margarine	die Zutaten mit Handrührgerät mit Knet-haken zunächst kurz auf niedrigster, dann auf höchster Stufe gut durcharbeiten, an-schließend auf der Tischplatte zu einem glat-ten Teig verkneten, sollte er kleben, ihn eine Zeitlang kalt stellen den Teig auf dem Boden einer Springform (Ø etwa 28 cm) ausrollen, mehrmals mit einer Gabel einstechen, mit Springformrand auf dem Rost in den Backofen schieben
Ober-/Unterhitze	200–230 °C (vorgeheizt)
Heißluft	etwa 170 °C (nicht vorgeheizt)
Gas	Stufe 3–4 (vorgeheizt)
Backzeit	etwa 15 Minuten

*sofort nach dem Backen den Boden vom
Springformrand lösen, erkalten lassen, auf
die Tortenplatte legen, den Rand der Springform wieder darum geben (Foto 1),
schließen.*

Für den Belag

2 Päckchen Gelatine gemahlen, weiß	*mit*
6 EL kaltem Wasser	*in einem kleinen Topf anrühren (Foto 2), 10 Minuten zum Quellen stehen lassen*
125 g Butter	*mit Handrührgerät mit Rührbesen geschmei-dig rühren, nach und nach $2/3$ von*
250 g Zucker	*abwechselnd mit*
3 Eigelb	*unterrühren, danach*
500 g Speisequark abgeriebene gelbe Schale von $1/2$ Zitrone (unbehandelt)	
Saft von 1 Zitrone	*unterrühren*
3 Eiweiß	*steif schlagen, nach und nach den Rest des Zuckers hinzugeben*
250 ml ($1/4$ l) Schlagsahne	*steif schlagen, die Gelatine unter Rühren erwärmen, bis sie gelöst ist 3 Eßlöffel von der Schlagsahne mit der Gelatinelösung verrühren, unter die Quarkmasse rühren den Eischnee zusammen mit der übrigen Schlagsahne unterheben, die Quarkmasse gleichmäßig auf dem Tortenboden verteilen, glattstreichen (Foto 3) die Torte kalt stellen, bis die Sahnecreme fest ist, mit einem Messer vom Springformrand lösen, mit*
kandierten Zitronenscheiben	*garnieren (Foto 4).*

Obsttorte
(Rührteig)

Für den Teig

75 g weiche Margarine oder Butter	*mit Handrührgerät mit Rührbesen auf höchster Stufe in etwa $1/2$ Minute geschmeidig rühren, nach und nach*
75 g Zucker **1 Päckchen Vanillin-Zucker** **1 Prise Salz**	*unterrühren, so lange rühren, bis eine gebundene Masse entstanden ist*
2 Eier	*nach und nach unterrühren (jedes Ei etwa $1/2$ Minute)*
125 g Weizenmehl **1 gestr. TL Backpulver**	*mit* *mischen, sieben, nach und nach mit*
1 EL Milch	*auf mittlerer Stufe unterrühren* *den Teig in eine gefettete Obstform (Ø etwa 28 cm) füllen, oder in gefettete Tortelettförmchen glattstreichen, die Form (Förmchen) auf dem Rost in den Backofen schieben*
Ober-/Unterhitze	*170–200 °C (vorgeheizt)*
Heißluft	*160–170 °C (nicht vorgeheizt)*
Gas	*Stufe 3–4 (nicht vorgeheizt)*
Backzeit	*20–25 Minuten.*

Für den Belag

1 kg rohes Obst (z. B. Erdbeeren, Johannisbeeren, Kiwis, Heidelbeeren, Weintrauben, Orangen, Bananen)	*waschen, gut abtropfen lassen, entstielen (Foto 1), verlesen oder schälen, halbieren oder in Scheiben schneiden (Foto 2), mit*
Zucker	*bestreuen, kurze Zeit stehen lassen*
oder beliebiges gedünstetes oder eingemachtes Obst	*abtropfen lassen, die Früchte auf den Tortenboden legen (Foto 3).*

(Fortsetzung Seite 80)

Für den Tortenguß
aus

**1 Päckchen
Tortenguß
Zucker nach
Angabe auf dem
Tortenguß-
Päckchen
250 ml (¹/₄ l)
Wasser oder
Fruchtsaft**

nach Vorschrift auf dem Päckchen zubereiten, auf das Obst geben (Foto 4).

Obsttorte

(Knetteig)

Für den Teig

150 g Weizenmehl mit

**¹/₄ gestr. TL
Backpulver**

mischen, in eine Rührschüssel sieben

**75 g Zucker
1 Päckchen
Vanillin-Zucker
1 Prise Salz
1 Ei
75 g weiche
Margarine oder
Butter**

hinzufügen
die Zutaten mit Handrührgerät mit Knethaken zunächst kurz auf niedrigster, dann auf höchster Stufe gut durcharbeiten, anschließend auf der Tischplatte zu einem glatten Teig verkneten, sollte er kleben, ihn eine Zeitlang kalt stellen
²/₃ des Teiges auf dem Boden einer Springform (Ø etwa 28 cm) ausrollen (Foto 1), den Springformrand um den Boden legen (Foto 2), unter den Rest des Teiges

**1 gestr. EL
Weizenmehl**

kneten, zu einer Rolle formen (Foto 3), sie als Rand auf den Teigboden legen, so an die Form drücken, daß ein 2–3 cm hoher Rand entsteht (Foto 4), den Teigboden mehrmals mit einer Gabel einstechen, die Form auf dem Rost in den Backofen schieben

Ober-/Unterhitze	*200–220 °C (vorgeheizt)*
Heißluft	*170–180 °C (nicht vorgeheizt)*
Gas	*Stufe 3–4 (nicht vorgeheizt)*
Backzeit	*15–20 Minuten*
	den ausgekühlten Tortenboden gleichmäßig mit
Sahnesteif	*bestreuen, damit der mit Obst belegte Boden nicht durchweicht.*

Für den Belag

1 kg rohes Obst (z. B. Erdbeeren, Himbeeren, Johannisbeeren, Heidelbeeren, Weintrauben) *waschen (Himbeeren nur verlesen), gut abtropfen lassen, entstielen oder verlesen, mit*

Zucker *bestreuen, kurze Zeit stehen lassen*

oder gedünstetes oder eingemachtes Obst (z. B. Aprikosen, Pfirsiche, Sauerkirschen, Stachelbeeren) *gut abtropfen lassen, die Früchte auf den Tortenboden legen.*

Für den Guß

1 Päckchen Tortenguß Zucker nach Angabe auf dem TortengußPäckchen 250 ml (¹/₄ l) Wasser oder Fruchtsaft *nach Vorschrift auf dem Päckchen zubereiten, auf das Obst geben, die Torte am Rand mit*

abgezogenen, gehobelten Mandeln *garnieren.*

Duft und Geschmack von Gebäck stammt von Gewürzen und Aromen. Sie sollen gezielt und sparsam eingesetzt werden, da sie nur dann ihr Ziel erreichen.

Die wichtigsten Aromaträger beim Backen sind Vanillin-Zucker, Zimt, Bittermandeln, die ätherischen Öle aus Zitronen und Orangen und Rum.

Vanillin-Zucker ist der am häufigsten verwendete Vanille-Aromastoff. Er ist in Päckchen abgepackt im Handel erhältlich.

Zimt ist die getrocknete Innenrinde des Zimtbaumes. Für die Zubereitung von Gebäck ist der milde Ceylon-Zimt besser geeignet als Kassia-Zimt, der sich besser zum Kochen eignet.

Abgeriebene Zitronenoder Orangenschale würzt durch den Gehalt an ätherischen Ölen. Zum Abreiben sollten unbehandelte Früchte verwendet werden.

Sacher Torte
(Biskuitteig)

Für den Teig

6 Eier
2 EL heißes
Wasser mit Handrührgerät mit Rührbesen auf höchster Stufe in 1 Minute schaumig schlagen

175 g Zucker mit
1 Päckchen
Vanillin-Zucker mischen, in 1 Minute einstreuen, dann noch etwa 2 Minuten schlagen

100 g Weizenmehl mit
2 Päckchen
Pudding-Pulver
Schokolade
1 gestr. TL
Backpulver mischen, $1/3$ davon auf die Eiercreme sieben, kurz auf niedrigster Stufe unterrühren, den Rest des Mehl-Gemisches (jeweils $1/3$) auf dieselbe Weise unterarbeiten, dabei

100 g zerlassene,
abgekühlte Butter nach und nach hinzufügen (Foto 1), den Teig in eine gefettete, mit Backpapier ausgelegte Springform (Ø etwa 28 cm) füllen, die Form auf dem Rost in den Backofen schieben

Ober-/Unterhitze 170–200 °C (vorgeheizt)
Heißluft 150–160 °C (nicht vorgeheizt)
Gas Stufe 3–4 (nicht vorgeheizt)
Backzeit 35–40 Minuten
den Tortenboden aus der Form lösen, erkalten lassen.

Für die Füllung

200 g Aprikosen-
konfitüre gut verrühren, den Tortenboden einmal durchschneiden (Foto 2), mit $2/3$ der Konfitüre füllen, Rand und obere Seite der Torte dünn und gleichmäßig mit der restlichen Konfitüre bestreichen (Foto 3).

Für den Guß

125 g Zartbitter-
Schokolade in kleine Stücke brechen, mit
etwas Kokosfett in einem kleinen Topf bei schwacher Hitze zu einer Masse verrühren, die Torte damit überziehen, wenn der Guß etwas fest geworden ist, die Torte in Stücke einteilen (Foto 4).

Linzer Torte
(Knetteig)

200 g Weizenmehl	*mit*
1 gestr. TL Backpulver	*mischen, in eine Rührschüssel sieben*
125 g Zucker	
1 Päckchen Vanillin-Zucker	
2 Tropfen Backöl Bittermandel	
1 Msp. gemahlene Nelken	
1 gestr. TL gemahlenen Zimt	
1 Prise Salz	
1/2 Eigelb	
1 Eiweiß	
125 g weiche Butter	
125 g nicht abgezogene, gemahlene Mandeln	*hinzufügen, die Zutaten mit Handrührgerät mit Knethaken zunächst kurz auf niedrigster, dann auf höchster Stufe gut durcharbeiten, anschließend auf der Tischplatte zu einem glatten Teig verkneten*
	knapp die Hälfte des Teiges zu einer Platte in der Größe der Springform (Ø etwa 26 cm) ausrollen (Foto 1), 16–20 Streifen daraus rädern (Foto 2)
	den übrigen Teig auf dem Springformboden ausrollen, mit
100 g Himbeerkonfitüre	*bestreichen, dabei am Rand etwa 1 cm Teig frei lassen*
	die Teigstreifen gitterförmig über die Konfitüre legen (Foto 3)
1/2 Eigelb	*mit*
1 TL Milch	*verschlagen, die Teigstreifen damit bestreichen (Foto 4), die Form auf dem Rost in den Backofen schieben*
Ober-/Unterhitze	*170–200 °C (vorgeheizt)*
Heißluft	*etwa 170 °C (nicht vorgeheizt)*
Gas	*Stufe 3–4 (nicht vorgeheizt)*
Backzeit	*25–30 Minuten.*

Am besten, man hat es immer griffbereit. Denn was paßt besser als Kleingebäck, wenn mal schnell Besuch vorbeikommt oder Sie selbst sich eine halbe Stunde Ruhe gönnen.

Kleingebäck, diese unaufdringliche Alternative zum großen Kuchen: schnell gemacht und immer gerne gegessen. Bei den leckeren kleinen Kuchen sind Ihrer Phantasie keine Grenzen gesetzt. Von fruchtig-süß bis knusprig-nussig reicht die geschmackliche Bandbreite.

Berliner

(Hefeteig – Foto Seite 86/87)

500 g Weizenmehl *in eine Rührschüssel sieben, mit*
1 Päckchen
Trockenbackhefe *sorgfältig vermischen*
30 g Zucker
1 Päckchen
Vanillin-Zucker
3 Tropfen Backöl
Bittermandel
1 Prise Salz
2 Eier
1 Eigelb
125 ml (¹/₈ l)
lauwarme Milch
100 g zerlassene,
abgekühlte Butter
oder Margarine *hinzufügen*

die Zutaten mit Handrührgerät mit Knet-
haken zunächst auf niedrigster, dann auf
höchster Stufe in 5 Minuten zu einem Teig
verarbeiten, sollte er kleben, noch etwas
Mehl hinzufügen (aber nicht zu viel, der Teig
muß weich bleiben), den Teig so lange an
einem warmen Ort stehen lassen, bis er sich
sichtbar vergrößert hat, ihn dann auf der
Tischplatte nochmals gut durchkneten
den Teig etwa 1 cm dick ausrollen, mit einer
runden Form (Ø etwa 7 cm) ausstechen
(Foto 1), die Teigstücke nochmals so lange
an einem warmen Ort gehen lassen, bis sie
sich sichtbar vergrößert haben
die Bällchen schwimmend in siedendem

Ausbackfett
(Speiseöl oder
Kokosfett) *auf beiden Seiten backen (Foto 2), mit einem*
Schaumlöffel herausnehmen, auf einem
Kuchenrost abtropfen lassen, mit der langen
Spritztülle
Konfitüre *in die Berliner spritzen (Foto 3), in*
Zucker *wälzen (Foto 4).*

Löffelbiskuits

(Biskuitteig)

Ein Backblech fetten, leicht mit Weizenmehl bestäuben (Foto 1)

2 Eier	
50 g Zucker	
1 Päckchen Vanillin-Zucker	mit Handrührgerät mit Rührbesen auf höchster Stufe in 1 Minute cremig schlagen
50 g Weizenmehl	mit
30 g Speisestärke	
1 gestr. TL Backpulver	mischen, auf die Eiercreme sieben (Foto 2), kurz auf niedrigster Stufe unterrühren den Teig in einen Spritzbeutel (mit Lochtülle) füllen (Foto 3), in Form von Löffelbiskuits (nicht zu groß, Teig geht noch auf) auf das Backblech spritzen (Foto 4), in den Backofen schieben
Ober-/Unterhitze	170–200 °C (vorgeheizt)
Heißluft	160–170 °C (nicht vorgeheizt)
Gas	Stufe 2–3 (vorgeheizt)
Backzeit	etwa 10 Minuten.

Nuß- oder Kokosecken

(Knetteig)

Für den Teig

150 g Weizenmehl	mit
¹/₄ gestr. TL Backpulver	mischen, in eine Rührschüssel sieben
65 g Zucker	
1 Päckchen Vanillin-Zucker	
1 Prise Salz	
1 Ei	
65 g weiche Margarine	hinzufügen die Zutaten mit Handrührgerät mit Knethaken zunächst kurz auf niedrigster, dann auf höchster Stufe kurz durcharbeiten, anschließend auf der Tischplatte zu einem glatten Teig verkneten, sollte er kleben, ihn eine Zeitlang kalt stellen

(Fortsetzung Seite 90)

den Teig zu einem Rechteck (32 x 24 cm) auf einem Backblech ausrollen, mit

2 EL Aprikosen-
konfitüre bestreichen (Foto 1).

Für den Belag

100 g Butter
100 g Zucker
1 Päckchen
Vanillin-Zucker
2 EL Wasser langsam erwärmen, zerlassen
75 g gemahlene
Haselnußkerne
125 g gehobelte
Haselnußkerne
oder 200 g

Kokosraspel unterrühren, etwas abkühlen lassen, die Masse gleichmäßig auf dem Teig verteilen (Foto 2), vor den Teig einen mehrfach umge-knickten Streifen Alufolie legen, so daß ein Rand entsteht
das Backblech in den Backofen schieben
Ober-/Unterhitze 170–200 °C (vorgeheizt)
Heißluft 160–170 °C (nicht vorgeheizt)
Gas Stufe 3–4 (vorgeheizt)
Backzeit 20–30 Minuten
das Gebäck etwas abkühlen lassen, in Vierecke (8 x 8 cm) schneiden, diese so in Hälften teilen, daß Dreiecke entstehen (Foto 3).

Für den Guß
50 g Kuvertüre mit
etwas Kokosfett in einem kleinen Topf im Wasserbad bei schwacher Hitze zu einer geschmeidigen Masse verrühren, die beiden spitzen Ecken des Gebäcks in den Guß tauchen (Foto 4).

Waffeln
(Rührteig)

175 g Kokosfett	zerlassen, wieder etwas fest werden lassen, mit einem Handrührgerät mit Rührbesen auf höchster Stufe in etwa $1/2$ Minute geschmeidig rühren, nach und nach
175 g feinkörnigen Zucker **1 Päckchen Vanillin-Zucker**	unterrühren, so lange rühren, bis eine gebundene Masse entstanden ist (Foto 1)
4 Eier **1 Prise Salz** **$1/2$ Fläschchen Rum-Aroma**	nach und nach hinzugeben (jedes Ei etwa $1/2$ Minute unterrühren)
200 g Weizenmehl **50 g Speisestärke** **$1/2$ gestr. TL Backpulver**	mit mischen, sieben, nach und nach auf mittlerer Stufe unterrühren (Foto 2), ein Waffeleisen gut erhitzen, mit Fett einpinseln (Foto 3) den Teig in nicht zu großen Portionen in das Waffeleisen füllen (Foto 4), sofort gut verstreichen, die Waffeln von beiden Seiten goldbraun backen, einzeln auf einem Kuchenrost erkalten lassen, nach Belieben mit
Puderzucker	bestäuben.
Tip	Die Waffeln können auch mit geschlagener Sahne, Früchten oder Kompott serviert werden.

Crème-fraîche-Waffeln
(Rührteig)

2 Becher (je 150 g) Crème fraîche	mit Handrührgerät mit Rührbesen auf höchster Stufe in etwa $1/2$ Minute cremig rühren, nach und nach
100 g Zucker abgeriebene Schale von $1/2$ Zitrone (unbehandelt)	

(Fortsetzung Seite 94)

1 Prise Salz	unterrühren, so lange rühren, bis eine gebundene Masse entstanden ist
3 Eier	nach und nach unterrühren (jedes Ei etwa $1/2$ Minute)
250 g Weizenmehl	mit
1 TL Backpulver	mischen, sieben, eßlöffelweise auf mittlerer Stufe unterrühren, ein Waffeleisen mit
1 Speckschwarte	ausfetten, den Teig in nicht zu großen Portionen in das erhitzte Waffeleisen füllen, sofort gut verstreichen, die Waffeln von beiden Seiten goldbraun backen, einzeln auf einem Kuchenrost erkalten lassen.

Hefewaffeln
(Hefeteig)

375 g Weizenmehl	in eine Rührschüsel sieben, mit
1 Päckchen Trockenbackhefe	sorgfältig vermischen (Foto 1)
50 g Zucker	
1 Päckchen Vanillin-Zucker	
abgeriebene Schale von 1 Zitrone (unbehandelt)	
1 Prise Salz	
4 Eier	
500 ml ($1/2$ l) lauwarme Milch	
125 g zerlassene, abgekühlte Butter oder Margarine	hinzufügen

die Zutaten mit Handrührgerät mit Knethaken zunächst auf niedrigster, dann auf höchster Stufe in etwa 5 Minuten zu einem Teig verarbeiten (Foto 2)

den Teig abgedeckt so lange an einem warmen Ort stehen lassen, bis er sich sichtbar vergrößert hat

knapp 2 Eßlöffel des Teiges in ein gut gefettetes, erhitztes Waffeleisen füllen (Foto 3), sofort gut verstreichen

die Waffeln goldbraun backen, einzeln auf einem Kuchenrost erkalten lassen (Foto 4).

Hobelspäne oder Räderkuchen

(Knetteig)

500 g Weizenmehl	*mit*
1 gestr. TL Backpulver	*mischen, in eine Rührschüssel sieben*
100 g Zucker	
1 Beutel Rum-Aroma	
3 Eier	
4 EL Milch oder Wasser	
125 g weiche Margarine oder Butter	*hinzufügen*

die Zutaten mit Handrührgerät mit Knethaken zunächst kurz auf niedrigster, dann auf höchster Stufe gut durcharbeiten, anschließend auf der Tischplatte mit dem Handballen zu einem glatten Teig verkneten (Foto 1), sollte er kleben, ihn eine Zeitlang kalt stellen, den Teig dünn ausrollen, Streifen ausrädeln (Foto 2), in der Mitte einschneiden (Foto 3), das eine Ende einmal durchziehen (Foto 4), die Hobelspäne schwimmend in siedendem

Ausbackfett (Speiseöl oder Kokosfett)	*goldbraun backen, mit einem Schaumlöffel herausnehmen, auf einem Kuchenrost abtropfen lassen, mit*
Puderzucker	*bestäuben.*

Windbeutel

(Brandteig)

Für den Teig

250 ml (¹/₄ l) Wasser	
50 g Margarine	*am besten in einem Stieltopf zum Kochen bringen*
150 g Weizenmehl	*mit*
30 g Speisestärke	*mischen, sieben, auf einmal in die von der Kochstelle genommene Flüssigkeit schütten,*

(Fortsetzung Seite 96)

zu einem glatten Kloß rühren, unter Rühren etwa 1 Minute erhitzen, den heißen Kloß sofort in eine Rührschüssel geben, nach und nach

4–6 Eier mit einem Handrührgerät mit Knethaken auf höchster Stufe unterarbeiten, weitere Eizugabe erübrigt sich, wenn der Teig stark glänzt und so von einem Löffel abreißt, daß lange Spitzen hängenbleiben

**1 gestr. TL
Backpulver** in den erkalteten Teig arbeiten, mit 2 Löffeln (Foto 1) oder mit einem Spritzbeutel 12 Teighäufchen auf ein gefettetes, mit Weizenmehl bestäubtes Backblech setzen (Foto 2), in den Backofen schieben

Ober-/Unterhitze 200–220 °C (vorgeheizt)
Heißluft 170–180 °C (nicht vorgeheizt)
Gas Stufe 4–5 (vorgeheizt)
Backzeit 25–30 Minuten
während der ersten 15 Minuten Backzeit die Backofentür nicht öffnen, da das Gebäck sonst zusammenfällt, sofort nach dem Backen von jedem Windbeutel einen Deckel abschneiden (Foto 3).

Für die Füllung

**500 g Sauer-
kirschen** waschen, entstielen, entsteinen, mit
50 g Zucker mischen, einige Zeit zum Saftziehen stehen lassen, nur eben zum Kochen bringen wenn Saft und Kirschen kalt sind, 125 ml ($^1/_8$ l) Saft abmessen (evtl. mit Wasser ergänzen)

15 g Speisestärke mit dem Saft anrühren, unter Rühren zum Kochen bringen, kurz aufkochen lassen, die Kirschen unterrühren, kalt stellen, mit Zucker abschmecken

**500 ml ($^1/_2$ l)
Schlagsahne** $^1/_2$ Minute schlagen
25 g Puderzucker sieben, mit
**1 Päckchen
Vanillin-Zucker
2 Päckchen
Sahnesteif** einstreuen, die Sahne steif schlagen
in jeden Windbeutel etwas von der erkalteten Kirschmasse geben (Foto 4), darauf die Sahne spritzen, auf jeden Windbeutel einen Deckel legen, mit
Puderzucker bestäuben.

Eclairs oder Liebesknochen

(Brandteig)

Für den Teig

125 ml (¹/₈ l) Wasser	
25 g Butter oder Margarine	am besten in einem Stieltopf zum Kochen bringen
75 g Weizenmehl	mit
15 g Speisestärke	mischen, sieben, auf einmal in die von der Kochstelle genommene Flüssigkeit schütten, zu einem glatten Kloß rühren, unter Rühren etwa 1 Minute erhitzen, den heißen Kloß sofort in eine Rührschüssel geben, nach und nach

2–3 Eier	mit einem Handrührgerät mit Knethaken auf höchster Stufe unterarbeiten, weitere Eizugabe erübrigt sich, wenn der Teig stark glänzt und so von einem Löffel abreißt, daß lange Spitzen hängenbleiben
1 Msp. Backpulver	in den erkalteten Teig arbeiten, ihn in einen Spritzbeutel (große gezackte Tülle) füllen, etwa 6 cm lange Streifen auf ein gefettetes, mit Weizenmehl bestäubtes Backblech spritzen (Foto 1) oder jeweils zwei fingerlange Streifen nebeneinander, einen dritten darauf spritzen
Ober-/Unterhitze	200–220 °C (vorgeheizt)
Heißluft	170–180 °C (nicht vorgeheizt)
Gas	Stufe 4–5 (vorgeheizt)
Backzeit	etwa 20 Minuten sofort nach dem Backen von jedem Eclair einen Deckel abschneiden.

Zum Aprikotieren

etwas Aprikosen- Konfitüre	durch ein Sieb streichen, unter Rühren erhitzen, die Gebäckdeckel dünn damit bestreichen (Foto 2).

Für die Füllung

75 g Nuß- Nougatmasse	in einem kleinen Topf im Wasserbad bei schwacher Hitze zu einer geschmeidigen Masse verrühren, etwas abkühlen lassen
250 ml (¹/₄ l) Schlagsahne	¹/₂ Minute schlagen

| 1 Päckchen Sahnesteif | einstreuen, die Sahne steif schlagen, die Nougatmasse eßlöffelweise vorsichtig unterrühren (Foto 3), die Nougat-Sahne in einen Spritzbeutel (gezackte Tülle) füllen, in die Eclairs spritzen (Foto 4), auf jeden einen Deckel legen. |

Eberswalder Spritzkuchen

(Brandteig)

250 ml (¹/₄ l) Wasser 50 g Margarine	am besten in einem Stieltopf zum Kochen bringen
150 g Weizenmehl	mit
30 g Speisestärke	mischen, sieben, auf einmal in die von der Kochstelle genommene Flüssigkeit schütten, zu einem glatten Kloß rühren (Foto 1), unter Rühren etwa 1 Minute erhitzen, den heißen Kloß sofort in eine Rührschüssel geben, nach und nach
25 g Zucker 4–6 Eier	mit Handrührgerät mit Knethaken auf höchster Stufe unterarbeiten (Foto 2) weitere Eizugabe erübrigt sich, wenn der Teig stark glänzt und so von einem Löffel abreißt, daß lange Spitzen hängenbleiben
1 gestr. TL Backpulver	in den erkalteten Teig arbeiten, ihn in einen Spritzbeutel (weite Tülle) füllen, auf gefettete Pergamentpapiere (etwa 10 x 10 cm groß) in Form von Kränzen spritzen (Foto 3) durch Eintauchen der Papiere in siedendes
Ausbackfett	die Kränzchen lösen, schwimmend auf beiden Seiten hellbraun backen (Foto 4), mit einem Schaumlöffel herausnehmen, auf einem Kuchenrost abtropfen lassen.
	Für den Guß
200 g Puderzucker	sieben, mit
2 EL Zitronensaft etwa 2 EL heißem Wasser	glattrühren, so daß eine dickflüssige Masse entsteht, das Gebäck damit überziehen.

Muzenmandeln

(Knetteig)

500 g Weizenmehl	*mit*
2 gestr. TL Backpulver	*mischen, in eine Rührschüssel sieben*
150 g Zucker	
1 Beutel Rum-Aroma	
3 Eier	
1 Prise Salz	
150 g weiche Margarine oder Butter	*hinzufügen*

die Zutaten mit Handrührgerät mit Knethaken zunächst kurz auf niedrigster, dann auf höchster Stufe gut durcharbeiten, anschließend auf der Tischplatte zu einem glatten Teig verkneten, sollte er kleben, ihn eine Zeitlang kalt stellen, den Teig etwa 1 cm dick ausrollen, Muzenmandeln mit einer Muzenmandelform ausstechen (Foto 1), oder mit 2 Teelöffeln formen (Foto 2), schwimmend in siedendem

Ausbackfett (Speiseöl oder Kokosfett) *goldgelb backen, mit einem Schaumlöffel herausnehmen (Foto 3), auf einem Kuchenrost gut abtropfen lassen, noch heiß in*

Zucker *wälzen (Foto 4).*

Mandarinenomelettes
(Biskuitteig)

Als Vorarbeiten 30 cm breite Alufolie so falzen, daß 7 mal ein 15 cm langes Stück aufeinander liegt, zwei Kreise von jeweils 15 cm Ø nebeneinander aufzeichnen, ausschneiden, so daß 14 runde Folienblätter entstehen, diese über den Boden einer Konservendose (Ø etwa 10 cm) legen, so daß Förmchen mit einem 2 cm hohen Rand entstehen (Foto 1).

Für den Teig

3 Eier in eine Rührschüssel geben, mit Handrührgerät mit Rührbesen auf höchster Stufe in 1 Minute schaumig schlagen

75 g Zucker
1 Päckchen
Vanillin-Zucker in 1 Minute einstreuen, 2 Minuten weiterschlagen

75 g Weizenmehl
75 g Speisestärke mischen, auf die Eiercreme sieben, kurz auf niedrigster Stufe unterrühren, dabei

75 g zerlassene,
abgekühlte Butter nach und nach hinzufügen, den Teig auf die gut gefetteten Folienförmchen verteilen (Foto 2), auf ein Backblech stellen, in den Backofen schieben

Ober-/Unterhitze 200–220 °C (vorgeheizt)
Heißluft etwa 170 °C (nicht vorgeheizt)
Gas Stufe 3–4 (nicht vorgeheizt)
Backzeit 8–12 Minuten
sofort nach dem Backen die Omelettes aus den Förmchen lösen, zur Hälfte leicht überschlagen (am besten über einen Rührlöffel) (Foto 3), erkalten lassen, leicht mit
Puderzucker bestäuben.

Für die Füllung

etwa 300 g Man-
darinenspalten
(aus der Dose) abtropfen lassen, den Saft auffangen, mit den Ecken von

1 Stück Würfel-
zucker die
Schale von etwa
1/2 Zitrone
(unbehandelt) abreiben, die Zitrone auspressen

2 Eßlöffel Zitronensaft zu dem Mandarinen-
saft geben, das Zuckerstück hinzufügen,
unter Rühren auflösen

**4 Blatt weiße
Gelatine** *einweichen, die Gelatine unter Rühren erwärmen, zu dem Saft geben*

**375 ml (³/₈ l)
Schlagsahne** *in eine Schüssel geben, ¹/₂ Minute schlagen*
**2 schwach ge-
häufte TL Zucker** *mit*
**2 Päckchen
Sahnesteif** *mischen, einstreuen, die Sahne steif schlagen,
Saft unter die Sahne ziehen, evtl. kalt stellen,
in die Omelettes spritzen (Foto 4), mit den
Mandarinenspalten garnieren.*

Clubteilchen
(Quark-Öl-Teig)

150 g Speisequark *mit*
6 EL Milch
6 EL Speiseöl
75 g Zucker
**1 Päckchen
Vanillin-Zucker**
Salz *verrühren*
300 g Weizenmehl *mit*
**1 Päckchen
Backpulver** *mischen, sieben, die Hälfte davon unter den
Quark rühren, den Rest des Mehls unterkne-
ten (Foto 1), den Teig etwa ¹/₂ cm dick ausrollen, Vierecke ausrädern (Foto 2), in der
Mitte mit*

Konfitüre *belegen (Foto 3), zu Dreiecken, Taschen,
Hahnenkämmen oder Windmühlen zu-
sammenschlagen (Foto 4), mit*
Dosenmilch *bestreichen, auf ein gefettetes Backblech
legen, in den Backofen schieben*
Ober-/Unterhitze *180–200 °C (vorgeheizt)*
Heißluft *160–180 °C (nicht vorgeheizt)*
Gas *Stufe 3–4 (vorgeheizt)*
Backzeit *etwa 15 Minuten.*

Quarkbrötchen
(Hefeteig)

500 g Weizenmehl (Type 550)	*in eine Rührschüssel geben, mit*
1 Päckchen Trockenbackhefe	*sorgfältig vermischen*
1 TL Zucker	
1/2 TL Salz	
250 g Speisequark	
50 g zerlassene lauwarme Butter oder Margarine	
200 ml lauwarmes Wasser	*hinzufügen (Foto 1), die Zutaten mit Handrührgerät mit Knethaken zunächst auf der niedrigsten, dann auf der höchsten Stufe in etwa 5 Minuten zu einem glatten Teig verarbeiten, an einem warmen Ort so lange gehen lassen, bis er etwa doppelt so hoch ist, aus der Schüssel nehmen, gut durchkneten, aus dem Teig 10–12 runde Brötchen formen, auf ein gefettetes, mit Backpapier belegtes Backblech legen (Foto 2), nochmals an einem warmen Ort gehen lassen*

	die Brötchen mit
1 EL Milch	*bestreichen (Foto 3), nach Belieben mit*
Kümmelsamen	
Sesamsamen	
Mohnsamen	*bestreuen (Foto 4), in den Backofen schieben*
Ober-/Unterhitze	*180–200 °C (vorgeheizt)*
Heißluft	*160–180 °C (nicht vorgeheizt)*
Gas	*Stufe 3–4 (vorgeheizt)*
Backzeit	*20–25 Minuten.*

Käseringe und -windbeutel
(Brandteig)

Für den Brandteig

125 ml (1/8 l) Wasser	*mit*
1 Prise Salz	
30 g Butter	*am besten in einem Stieltopf zum Kochen bringen, den Topf von der Kochstelle nehmen*
25 g Speisestärke	*mit*
75 g Weizenmehl (Type 405)	*mischen, sieben, auf einmal in das Wasser schütten, es zu einem glatten Kloß rühren, unter Rühren etwa 1 Minute erhitzen, den heißen Kloß sofort in eine Schüssel geben, nach und nach*
2–3 Eier	*unterrühren, weitere Eizugabe erübrigt sich, wenn der Teig stark glänzt und so vom Löffel abreißt, daß lange Spitzen hängenbleiben, kurz bevor diese Beschaffenheit erreicht ist,*
1/2 gestrichenen TL Backpulver	*in den erkalteten Teig geben, die Hälfte davon für die Käseringe abnehmen, unter den übrigen Teig noch so viel Ei rühren, wie erforderlich ist.*

Für die Käseringe
den etwas festeren Teig in einen Spritzbeutel (enge, gezackte Tülle) füllen, kleine Ringe (Ø etwa 4 cm) auf ein gefettetes Pergamentpapier spritzen, sie sofort schwimmend in siedendem

Ausbackfett	*auf beiden Seiten hellbraun backen, die Ringe mit einem Hölzchen herausnehmen, gut abtropfen lassen, durchschneiden.*

Für die Windbeutel den weicheren Teig in einen Spritzbeutel (enge, gezackte Tülle) füllen, Teighäufchen in der Größe einer halben Walnuß auf ein gefettetes, mit Mehl bestäubtes Backblech spritzen

Ober-/Unterhitze	*200–220 °C (vorgeheizt)*
Heißluft	*180–200 °C (nicht vorgeheizt)*
Gas	*Stufe 4–5 (vorgeheizt)*
Backzeit	*etwa 20 Minuten sofort nach dem Backen von jedem Windbeutel einen kleinen Deckel abschneiden (Foto 1).*

	Für die Füllung
125 g Butter	*geschmeidig rühren*
100 g Roquefort	*mit einer Gabel zerdrücken, unter die Butter rühren*
125 ml (¹/₈ l) Schlagsahne	*knapp ¹/₂ Minute schlagen*
1 schwach gehäuften TL Sahnesteif	*einstreuen, die Sahne steif schlagen, unter die Butter-Käse-Masse heben (Foto 2), Ringe und Windbeutel mit Käsecreme füllen, die Deckel dünn mit Creme bestreichen (Foto 3), mit*
gehackter Petersilie Kümmel, Mohn	*bestreuen (Foto 4), auf die jeweils dazugehörigen Unterteile legen.*

Käsestangen

(Blätterteig)

1 Packung (300 g) tiefgekühlten Blätterteig	*bei Zimmertemperatur auftauen lassen, 20 x 40 cm groß ausrollen (Foto 1)*
1 Eigelb	*mit*
1 EL kalter Milch	*verschlagen, etwas davon auf die Teigplatte streichen, auf eine Teighälfte*
75 g geriebenen Appenzeller Käse Paprika edelsüß Pfeffer	*streuen (Foto 2), die andere Teighälfte darüber klappen, mit der Teigrolle mehrmals darüber rollen, in 1 cm lange Streifen schneiden (Foto 3), spiralförmig drehen (Foto 4), auf mit kaltem Wasser abgespülte Backbleche legen, die Enden der Käsestangen etwas festdrücken, mit dem restlichen Eigelb bestreichen, mit*
grobem Salz Kümmelsamen	*bestreuen, die Backbleche in den Backofen setzen*
Ober-/Unterhitze	*180–200 °C (vorgeheizt)*
Heißluft	*160–180 °C (nicht vorgeheizt)*
Gas	*Stufe 3–4 (vorgeheizt)*
Backzeit	*15–18 Minuten.*
Tip	*Die Käsestangen möglichst frisch verzehren.*

Nicht nur zur Weihnachtszeit schmecken die kleinen, süßen Kekse. Schon beim Backen zieht ihr Duft angenehm durch die Räume und verrät den guten Geschmack der kleinen Köstlichkeiten.

Im Großen hergestellt, halten sich die Kekse gut in fest schließbaren Dosen. Ideal zum Tee oder Kaffee, beim gemütlichen Zusamensein oder einem Fernsehabend.

Suchen Sie sich aus der Vielzahl der Keksrezepte Ihren Favoriten heraus, mag er knusprig oder leicht, raffiniert oder einfach sein.

Tatzen und Tupfen

(Rührteig – Foto Seite 108/109)

250 g Butter	mit Handrührgerät mit Rührbesen auf höchster Stufe in etwa $^1/_2$ Minute geschmeidig rühren, nach und nach
175 g Zucker	
1 Päckchen	
Vanillin-Zucker	unterrühren, so lange rühren, bis eine gebundene Masse entstanden ist
1 Ei	unterrühren
175 g Weizenmehl	mit
175 g Speisestärke	mischen, sieben, eßlöffelweise auf mittlerer Stufe unterrühren
75 g abgezogene, gemahlene	
Mandeln	unter den Teig rühren, ihn in einen Spritzbeutel (gezackte Tülle) füllen (Foto 1), kleine Tatzen und Tupfen auf ein gefettetes Backblech spritzen (Foto 2), die Tupfen mit
kandierten Kirschstückchen	garnieren
	auf dem Rost in den Backofen schieben
Ober-/Unterhitze	170–200 °C (vorgeheizt)
Heißluft	160–170 °C (nicht vorgeheizt)
Gas	Stufe 3–4 (vorgeheizt)
Backzeit	10–15 Minuten.
100 g Kuvertüre	in einem kleinen Topf im Wasserbad zu einer geschmeidigen Masse verrühren, die Hälfte der Tatzen auf der glatten Seite dünn mit Kuvertüre bestreichen (Foto 3), zusammensetzen, die andere Hälfte der Tatzen auf der glatten Seite dünn mit
Aprikosen- konfitüre	bestreichen, ebenfalls zusammensetzen, die Tatzen mit den Spitzen in Kuvertüre tauchen (Foto 4).

Terrassen

(Knetteig)

300 g Weizenmehl	mit
2 gestr. TL	
Backpulver	mischen, in eine Rührschüssel sieben
100 g Zucker	

1 Päckchen
Vanillin-Zucker
1 Ei
150 g weiche
Butter *hinzufügen, mit Handrührgerät mit Knet-haken zunächst kurz auf niedrigster, dann auf höchster Stufe gut durcharbeiten, an-schließend auf der Tischplatte zu einem glat-ten Teig verkneten, sollte er kleben, ihn eine Zeitlang kalt stellen*

den Teig dünn ausrollen, Plätzchen von glei-cher Form, aber in drei verschiedenen Größen (die gleiche Anzahl von jeder Größe) ausste-chen (Foto 1), auf ein Backblech legen, in den Backofen schieben

Ober-/Unterhitze *170–200 °C (vorgeheizt)*
Heißluft *160–170 °C (nicht vorgeheizt)*
Gas *Stufe 3–4 (vorgeheizt)*
Backzeit *8–10 Minuten*

von je drei Plätzchen verschiedener Größe die beiden kleinen auf der Unterseite mit
Konfitüre *bestreichen (Foto 2), terrassenförmig auf das größte setzen (Foto 3), die Plätzchen mit*
Puderzucker *bestäuben, mit einem Konfitüretüpfchen garnieren (Foto 4).*

Zimtblätter
(Knetteig)

Für den Teig
350 g **Weizenmehl** *mit*
1 gestrichenen TL
Backpulver *mischen, in eine Rührschüssel sieben*
100 g gesiebten
Puderzucker
1 Päckchen
Vanillin-Zucker
1 Prise Salz
1 gestr. TL
gemahlenen Zimt
2 Eigelb
250 g Butter
300 g abge-
zogene, grobge-
mahlene
Mandeln *hinzufügen*

(Fortsetzng Seite 112)

alle Zutaten mit Handrührgerät mit Knethaken zunächst auf niedrigster, dann auf höchster Stufe gut durcharbeiten, anschließend auf der Arbeitsfläche zu einem glatten Teig verkneten, den Teig eine Zeitlang kalt stellen, etwa 3 mm dick ausrollen, ovale Plätzchen ausstechen auf ein mit Backpapier belegtes Backblech legen

1 Eigelb	*mit*
1 EL Honig	*verschlagen, die Plätzchen bestreichen, mit*
Zimt-Zucker	*bestreuen*
Ober-/Unterhitze	*170–200 °C (vorgeheizt)*
Heißluft	*160–170 °C (nicht vorgeheizt)*
Gas	*Stufe 3–4 (vorgeheizt)*
Backzeit	*12–15 Minuten.*

Für den Guß

125 g Kuvertüre	*in kleine Stücke brechen, mit*
etwas Kokosfett	*in einem kleinen Topf im Wasserbad bei schwacher Hitze geschmeidig rühren, die Unterseite der erkalteten Plätzchen damit bestreichen.*

Albertkekse
(Knetteig)

175 g Weizenmehl	*mit*
125 g Speisestärke	
¹/₂ Päckchen	
Backpulver	*in eine Schüssel sieben*
100 g Butter	*in Flöckchen darauf verteilen (Foto 1)*
1 Ei	*mit*
3 EL Milch	*verquirlen, zum Mehl geben*
100 g Zucker	
1 Päckchen	
Vanillin-Zucker	
1 Prise Salz	*hinzufügen, den Teig gut durchkneten, eine Rolle daraus formen, etwa 30 Minuten kalt stellen, den Teig etwa 3 mm dick ausrollen (Foto 2), rechteckige Kekse ausstechen oder ausschneiden (Foto 3), mit einer Gabel Löcher in die Kekse stechen (Foto 4), auf ein mit Backpapier belegtes Blech legen*
Ober-/Unterhitze	*etwa 190 °C (vorgeheizt)*
Heißluft	*etwa 160 °C (nicht vorgeheizt)*
Gas	*Stufe 3–4 (vorgeheizt)*
Backzeit	*15–20 Minuten.*

Baiser

4 Eiweiß	mit Handrührgerät mit Rührbesen auf höchster Stufe steif schlagen (Foto 1), nach und nach
200 g feinkörnigen Zucker	unterrühren (Foto 2) die Baisermasse in einen Spritzbeutel füllen, in beliebigen Formen auf ein mit Backpapier belegtes Backblech spritzen (Foto 3) oder mit 2 Teelöffeln aufsetzen (Foto 4), das Gebäck darf nur leicht aufgehen und sich schwach gelblich färben, das Backblech in den Backofen schieben
Ober-/Unterhitze	110–130 °C (vorgeheizt)
Heißluft	etwa 100 °C (nicht vorgeheizt)
Gas	25 Minuten Stufe 1 einschalten, 25 Minuten ausschalten 25 Minuten Stufe 1 einschalten
Backzeit	70–100 Minuten.

Kokosmakronen

4 Eiweiß	mit Handrührgerät mit Rührbesen auf höchster Stufe steif schlagen, nach und nach
200 g Zucker 1 Msp. gemahlenen Zimt 2 Tropfen Backöl Bittermandel	unterrühren
200 g Kokosraspel	vorsichtig auf niedrigster Stufe unter den Eischnee rühren, von dem Teig mit 2 Teelöffeln Häufchen auf ein gefettetes mit Backpapier belegtes Backblech setzen, in den Backofen schieben
Ober-/Unterhitze	130–150 °C (vorgeheizt)
Heißluft	100–120 °C (nicht vorgeheizt)
Gas	Stufe 1–2 (nicht vorgeheizt)
Backzeit	etwa 35 Minuten.

Vanillekipferl

(Knetteig)

250 g Weizenmehl	*mit*
1 Msp. Backpulver	*mischen, in eine Rührschüssel sieben*
125 g Zucker	
1 Päckchen Vanillin-Zucker	
3 Eigelb	
200 g weiche Butter	
125 g abge-zogene, gemah-lene Mandeln	*hinzufügen, die Zutaten mit Handrührgerät mit Knethaken zunächst kurz auf niedrigster, dann auf höchster Stufe gut durcharbeiten, anschließend auf der Tischplatte zu einem glatten Teig verkneten, sollte er kleben, ihn eine Zeitlang kalt stellen*

aus dem Teig daumendicke Rollen formen, gut 2 cm lange Stücke davon abschneiden (Foto 1), diese zu etwa 5 cm langen Rollen formen (Foto 2), die Enden etwas dünner rollen, als Hörnchen auf ein Backblech legen (Foto 3), in den Backofen schieben

Ober-/Unterhitze	*170–200 °C (vorgeheizt)*
Heißluft	*160–170 °C (nicht vorgeheizt)*
Gas	*Stufe 3–4 (vorgeheizt)*
Backzeit	*etwa 10 Minuten*
50 g Puderzucker	*sieben, mit*
1 Päckchen Vanillin-Zucker	*mischen, die heißen Kipferl darin wälzen (Foto 4).*

Schokostäbchen

(Biskuitteig)

Für den Teig

1 Ei, 1 Eigelb	*mit*
125 g Zucker	
1 Päckchen Vanillin-Zucker	
1 gestr. TL Instant-Kaffee-Pulver	*mit Handrührgerät mit Rührbesen auf höchster Stufe schaumig schlagen*

(Fortsetzung Seite 116)

60 g Zartbitter-Schokolade	in kleine Stücke brechen, in einem kleinen Topf im Wasserbad bei schwacher Hitze glattrühren, unter die Eiermasse rühren
200 g gemahlene Mandeln	mit
1 Msp. Backpulver	mischen, $^2/_3$ davon auf mittlerer Stufe unterrühren, den Rest unterkneten, den Teig kalt stellen.

Für den Guß

1 Eiweiß	steif schlagen
60 g Puderzucker	sieben, eßlöffelweise unter den Schnee schlagen, den Teig zu einem Rechteck (12 x 40 cm) ausrollen, die Teigplatte gleichmäßig mit dem Guß bestreichen, daraus Stäbchen (6 x 1 cm) schneiden, auf ein gefettetes Backblech legen
Ober-/Unterhitze	170–200 °C (vorgeheizt)
Heißluft	150–180 °C (nicht vorgeheizt)
Gas	Stufe 3–4 (vorgeheizt)
Backzeit	10–15 Minuten.

Anisplätzchen

(Rührteig)

2 Eier	mit Handrührgerät mit Rührbesen auf höchster Stufe schaumig schlagen, nach und nach
200 g Zucker 1 Päckchen Vanillin-Zucker	unterrühren, so lange rühren, bis eine gebundene Masse entstanden ist
125 g Weizenmehl	mit
125 g Speisestärke	mischen, sieben (Foto 1), in 2 Teilmengen auf mittlerer Stufe mit
15 g gemahlenen Anissamen	unter die Eiercreme rühren (Foto 2), von dem Teig mit 2 Teelöffeln haselnußgroße Häufchen auf gefettete, mit Backpapier belegte Backbleche setzen (Foto 3 – genügend Zwischenraum lassen!), die Bleche über Nacht nebeneinander (nicht übereinander!) stellen, in einem warmen Raum trocknen lassen (Foto 4), am anderen Tag backen
Ober-/Unterhitze	130–150 °C (nicht vorgeheizt)
Heißluft	etwa 120 °C (nicht vorgeheizt)
Gas	Stufe 1–2 (vorgeheizt)
Backzeit	20–25 Minuten.

Spritzgebäck
(Rührteig)

375 g weiche Butter oder Margarine	*mit Handrührgerät mit Rührbesen auf höchster Stufe in etwa $1/2$ Minute geschmeidig rühren, nach und nach*
250 g Zucker 2 Päckchen Vanillin-Zucker 1 Prise Salz	*unterrühren, so lange rühren, bis eine gebundene Masse entstanden ist*
500 g Weizenmehl	*sieben, $2/3$ davon eßlöffelweise auf mittlerer Stufe unterrühren, den Teigbrei mit dem Rest des Mehls*
125 g abgezogenen gemahlenen Mandeln	*auf der Tischplatte zu einem glatten Teig verkneten (Foto 1), zu Rollen formen (Foto 2), diese in eine Gebäckpresse geben (Foto 3), auf ein Backblech spritzen (Foto 4), nach Belieben*
10 g Kakao	*sieben, mit*
10 g Zucker	*mischen, unter knapp $1/3$ des Teiges kneten, etwas von dem dunklen Teig mit hellem Teig in die Gebäckpresse geben, auf ein leicht gefettetes Backblech spritzen, in den Backofen schieben*
Ober-/Unterhitze	*170–200 °C (vorgeheizt)*
Heißluft	*160–170 °C (nicht vorgeheizt)*
Gas	*Stufe 3–4 (nicht vorgeheizt)*
Backzeit	*10–15 Minuten.*
Tip	*Den Teig durch einen Fleischwolf mit Spezialvorsatz drehen, als Stangen, S-Formen oder Kränzchen auf ein Backblech legen, die Enden in aufgelöste Schokolade tauchen oder zur Hälfte damit bestreichen.*

Dukatenplätzchen

(Knetteig)

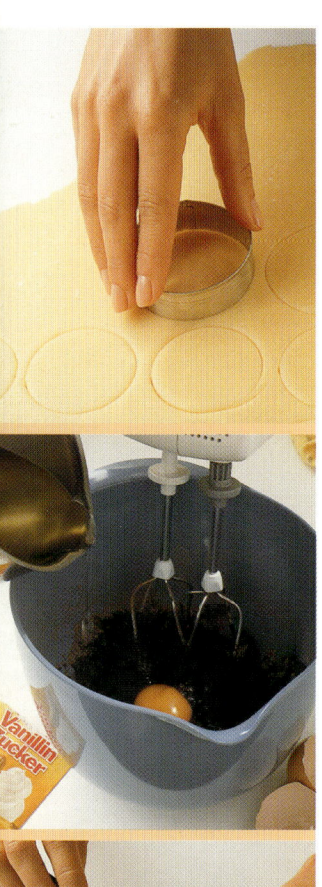

	Für den Teig
250 g Weizenmehl	*mit*
1 gestr. TL Backpulver	*mischen, in eine Rührschüssel sieben*
75 g Zucker	
1 Päckchen Vanillin-Zucker	
1 Prise Salz	
1 Ei	
1 EL Milch	
125 g weiche Margarine oder Butter	*hinzufügen*

die Zutaten mit Handrührgerät mit Knethaken zunächst kurz auf niedrigster, dann auf höchster Stufe gut durcharbeiten, anschließend auf der Tischplatte zu einem glatten Teig verkneten, sollte er kleben, ihn eine Zeitlang kalt stellen, den Teig dünn ausrollen, mit einer runden Form (Ø etwa 4 cm) ausstechen (Foto 1), auf ein Backblech legen, in den Backofen schieben

Ober-/Unterhitze	*170–200 °C (vorgeheizt)*
Heißluft	*160–170 °C (nicht vorgeheizt)*
Gas	*Stufe 3–4 (vorgeheizt)*
Backzeit	*etwa 10 Minuten.*

	Für die Füllung
125 g Kokosfett	*zerlassen, kalt stellen*
75 g Puderzucker	
30 g Kakao	*mischen, in eine Rührschüssel sieben*
1 Päckchen Vanillin-Zucker	
einige Tropfen Rum-Aroma	*hinzufügen, nach und nach mit*
1 Ei	*und den lauwarmen Kokosfett verrühren (Foto 2)*

die Füllung kalt stellen, sobald sie etwas fester ist, die Hälfte der Plätzchen auf der Unterseite damit bestreichen (Foto 3), die übrigen darauf legen.

(Fortsetzung Seite 122)

Für den Guß

etwa 75 g
Kuvertüre *mit*
etwas Kokosfett *in einem kleinen Topf im Wasserbad bei schwacher Hitze zu einer geschmeidigen Masse verrühren, die Plätzchen (wenn die Füllung etwas fester geworden ist) bis knapp zur Hälfte hineintauchen (Foto 4).*

Vanillemürbchen

(Knetteig)

250 g Weizenmehl *in eine Rührschüssel sieben*
1/2 Fläschchen
Butter-Vanille-
Aroma
1 Becher (150 g)
Crème fraîche
175 g weiche
Butter *hinzufügen, die Zutaten mit Handrührgerät mit Knethaken zunächst kurz auf niedrigster, dann auf höchster Stufe gut durcharbeiten, anschließend auf der Tischplatte zu einem glatten Teig verkneten, sollte er kleben, ihn eine Zeitlang kalt stellen, den Teig etwa 1/2 cm dick ausrollen, zunächst mit einer runden Form (Ø etwa 6 cm) ausstechen (Foto 1), die Teigplättchen mit einer kleineren Form (Ø etwa 4 cm) dann so ausstechen, daß Ringe und Plätzchen entstehen (Foto 2), diese mit*
Kondensmilch *bestreichen (Foto 3), mit*
etwa 75 g
Hagelzucker *bestreuen (Foto 4), mit der unteren Seite auf ein Backlech legen, in den Backofen schieben*
Ober-/Unterhitze *170–200 °C (vorgeheizt)*
Heißluft *160–170 °C (nicht vorgeheizt)*
Gas *Stufe 3–4 (vorgeheizt)*
Backzeit *10–15 Minuten.*

Heidesand

(Rührteig)

250 g Butter	zerlassen, bräunen (Foto 1), in eine Rühr-schüssel geben, kalt stellen
	die wieder festgewordene Butter mit Hand-rührgerät mit Rührbesen in etwa $1/2$ Minute geschmeidig rühren, nach und nach
200 g Zucker	
1 Päckchen Vanillin-Zucker	
1 Prise Salz	
2–3 EL Milch	unterrühren, so lange rühren, bis eine ge-bundene Masse entstanden ist
375 g Weizenmehl	mit
1 gestr. TL Backpulver	mischen, sieben, $2/3$ davon eßlöffelweise auf mittlerer Stufe unterrühren, den Teigbrei mit dem Rest des Mehls auf der Tischplatte zu einem glatten Teig verkneten (Foto 2), dar-aus etwa 3 cm dicke Rollen formen (Foto 3), kalt stellen, bis sie hart geworden sind
	die Rollen in etwa $1/2$ cm dicke Scheiben schneiden (Foto 4), auf ein Backblech legen, in den Backofen schieben
Ober-/Unterhitze	170–200 °C (vorgeheizt)
Heißluft	160–170 °C (nicht vorgeheizt)
Gas	Stufe 2–3 (vorgeheizt)
Backzeit	10–15 Minuten.

Backe, backe Kuchen – doch den Bäcker brauchen Sie nicht zu rufen. Zucker und Mehl, Butter und Salz, Eier und Schmalz, Safran macht den Kuchen gehl.

Mit den bekannten sieben Sachen (es mögen auch noch einige mehr sein) und den richtigen Rezepturen wird Ihnen das Backen gelingen.

Sieben Grundteige bilden die Basis zum Start in die große Fülle des Backens. Entdecken Sie auf den folgenden Seiten, wie leicht Sie die leckersten Backwerke sicher zubereiten können.

Rührteig

Notwendige Vorarbeiten

Mehl und Backpulver mischen.

Ist Speisestärke oder Kakao vorgeschrieben, so wird es mit Mehl gemischt (außer bei Marmorkuchen).

Mehl und Backpulver sieben (Foto 1).

Das Sieben lockert das Mehl auf und verteilt das Backpulver gleichmäßig im Mehl. Das Gebäck wird dadurch gelockert.

Für Rührteige die Kuchenform mit streichfähiger Butter oder Margarine gut und gleichmäßig mit einem Pinsel ausfetten (Foto 2).

Kein Öl verwenden, da dieses am Rand der Form herunterlaufen würde. Die Formen evtl. mit Semmelbröseln ausstreuen.
Kastenformen evtl. nach dem Fetten mit Backpapier auslegen, dadurch läßt sich das Gebäck besser aus der Form nehmen und bleibt länger frisch.
Das Papierfutter so herstellen: Den Boden der Form auf Backpapier aufzeichnen, die Form kippen und die Seitenlinien aufzeichnen. So mit allen vier Seiten verfahren. Die Ecken ausschneiden und die Bodenlinien knicken (Foto 3).

Bei Springformen nur den Boden fetten.

Früchte folgendermaßen vorbereiten: Korinthen und Rosinen verlesen. Mandeln, die abgezogen werden sollen, in kochendes Wasser geben und sie 2–3 Minuten darin ziehen lassen (Topf von der Kochstelle nehmen). Nachdem sie abgetropft sind, die Schalen abziehen und die Mandeln evtl. zerkleinern.

Die einzelnen Arbeitsgänge

„Butter oder Margarine geschmeidig rühren..." (Foto 1).

Wichtig ist, daß das Fett weder zu flüssig noch zu fest ist.
Flüssiges Fett kann gar nicht geschmeidig gerührt werden, zu festes Fett muß vorher weich gemacht werden. Zu diesem Zweck wird die Rührschüssel mit heißem Wasser ausgespült und das Fett tüchtig durchgearbeitet. Das vollkommen streichfähige Fett auf höchster Stufe in etwa 1/2 Minute geschmeidig rühren.

„...Den mit Vanillin-Zucker gemischten Zucker nach und nach zu dem geschmeidig gerührten Fett geben..." (Foto 2).

Dazu den Zucker eßlöffelweise zu dem Fett geben und sorgfältig verrühren. Feinkörniger Zucker löst sich leichter als grobkörniger.

„...die Gewürze (Backöle, Aromen) hinzufügen..." (Foto 3).

So lange rühren, bis eine gebundene Masse entstanden ist.

„...Eier hinzugeben..." (Foto 1, Seite 128).

Jedes Ei über einer Tasse aufschlagen und prüfen, ob es gut ist. Die Eier niemals auf einmal in das mit Zucker geschmeidig gerührte Fett geben, da sie sich dann schlecht unterrühren lassen.
Jedes Ei etwa 1/2 Minute unterrühren, bevor das nächste folgt. Wichtig ist, daß die Fett-Zucker-Masse so lange gerührt wird, bis eine gebundene Masse entstanden ist.

„...Das mit Backpulver gemischte, gesiebte Mehl unterrühren..." (Foto 2).

Eßlöffelweise das mit Backpulver gemischte, gesiebte Mehl auf mittlerer Stufe unterrühren. Wenn der Teig zu fest ist, etwas Milch hinzufügen. Backpulver darf nicht unmittelbar mit Flüssigkeit in Berührung kommen, da sonst seine Triebkraft vorzeitig ausgelöst würde. Sobald Mehl (evtl. Milch) zum Teig gegeben wurde, nur kurz rühren, da sonst eine unregelmäßige Lockerung des Gebäcks eintritt (Rührblasen). Den fertigen Teig auf mittlerer Stufe durchrühren.

„...Nur so viel Milch verwenden, daß der Teig schwer-reißend vom Löffel fällt..."(Foto 3).

Die notwendige Milchmenge hängt von der Aufnahmefähigkeit des Mehls und der Größe der Eier ab. Der Teig hat die richtige Beschaffenheit, wenn er schwer-reißend vom Löffel fällt. Bei Zugabe von zu viel Milch kann das Gebäck Wasserstreifen erhalten. Eine Ausnahme bilden Rührteige, die sehr viel Fett und Eier und wenig oder keine Flüssigkeit enthalten. Sie können weicher sein, da die rohen Eier im Laufe des Backprozesses durch die Hitze fest werden.

„...Je nach Rezept vorbereitete Früchte zuletzt unter den Teig rühren...".

Früchte unter den Teig auf mittlerer Stufe unterrühren. Durch zu langes Rühren werden die Früchte zerquetscht und färben den Teig schmutziggrau.

„...und ihn in die vorbereitete Form füllen...".

Den fertigen Teig (am besten mit einer Teigkarte) in die vorbereitete Form füllen und glattstreichen. Die Formen zu etwa 1/2 mit Teig füllen.

Das Backen von Rührteigen

Alle Rührteige nach den Angaben der Bedienungsanleitung des Backofens bzw. den Angaben des Rezeptes backen. Bevor das Gebäck aus dem Backofen genommen wird, muß auf alle Fälle eine Garprobe gemacht werden. Dazu mit einem Holzstäbchen möglichst in die Mitte des Gebäcks stechen. Wenn kein Teig an dem Holzstäbchen hängenbleibt, ist der Kuchen gar. Den Kuchen aus dem Backofen nehmen, 5–10 Minuten stehen lassen. Den Kuchen auf einen Kuchenrost stürzen oder heben, damit er besser ausdünsten kann. Bei einer Springform das Gebäck vor dem Herausnehmen mit einem Messer vom Rand lösen.

Rührteig
(Grundrezept)

250 g Margarine oder Butter	*mit Handrührgerät mit Rührbesen auf höchster Stufe geschmeidig rühren, nach und nach*
200 g Zucker 1 Päckchen Vanillin-Zucker 1 Prise Salz	*unterrühren, so lange rühren, bis eine gebundene Masse entstanden ist*
5 Eier	*nach und nach unterrühren (jedes Ei etwa $1/2$ Minute)*
500 g Weizenmehl 4 gestrichenen TL Backpulver	*mit*
	mischen, sieben, abwechselnd eßlöffelweise mit
etwa 50 ml Milch	*auf mittlerer Stufe unterrühren (nur so viel Milch verwenden, daß der Teig schwerreißend von einem Löffel fällt), den Teig in die vorbereitete Form füllen, auf dem Rost in den Backofen schieben oder den Teig auf ein vorbereitetes Backblech streichen und je nach Rezept backen.*

Rührteig ist, wie der Name schon sagt, ein Teig, der kräftig gerührt werden muß. In den Kochbüchern unserer Urgroßmütter mußte er mindestens eine Stunde lang mit dem Holzlöffel in ein- und derselben Richtung gerührt werden. Das war Schwerstarbeit.

Heute nehmen uns diesen Teil der Arbeit moderne und leistungsstarke Küchengeräte ab.

Folgende Rührteigrezepte finden Sie unter anderem in diesem Buch: Englischer Kuchen, Rehrücken, Apfelkuchen, Marmorkuchen, Rodonkuchen und viele mehr.

Biskuitteig

Notwendige Vorarbeiten

Mandeln und Früchte nach der Anweisung unter Rührteig Seite 126 vorbereiten.

Für Biskuitteige den Boden der Backbleche und der Backformen mit Papier belegen.

Es ist empfehlenswert, Backformen und Backbleche mit Backpapier oder Pergamentpapier auszulegen.
Das Papier für eine Springform so herstellen: Die Form umdrehen (Boden nach oben), das Papier darauf legen. Mit einem Messerrücken das am Rand überstehende Papier abstreifen (Foto 1).

Den Boden an etwa 4 Stellen mit streichfähiger Margarine einfetten – am besten mit einem Pinsel (Foto 2).

Den Rand nicht fetten. Das Papier auf den Boden legen und gut andrücken. Dazu das Papier von einer Seite ausgehend auf den Boden der zusammengesetzten Springform legen (Foto 3).

Mit den Händen glattstreichen, so daß keine Unebenheiten oder Falten entstehen.

Die einzelnen Arbeitsgänge

„...Eier...".

Zum Backen sollten stets frische Eier verwendet werden. Trotzdem sollte jedes Ei über einer Tasse aufgeschlagen werden, um zu prüfen, ob es gut ist (Foto 1). Ein schlechtes Ei – als letztes hinzugegeben – verdirbt die schon verrührten Zutaten.

„...und heißes Wasser in 1 Minute schaumig schlagen...".

Zum Ei das Wasser geben (Foto 2). Ist die Wassermenge in dem Rezept in einer Spanne angegeben, sich nach der Größe der Eier richten. Bei kleinen Eiern die größere und bei großen Eiern die kleinere Wassermenge nehmen.

„...und den mit Vanillin-Zucker gemischten Zucker in 1 Minute hinzufügen (Foto 3). Dann noch etwa 2 Minuten schlagen. Unter die Eiercreme die Gewürze geben...".

Das Gerät ausschalten.

„Darüber die Hälfte des mit Speisestärke und Backpulver gemischten Mehls sieben und kurz auf niedrigster Stufe unterrühren. Den Rest des Mehls auf dieselbe Weise unterarbeiten..." (Foto 1, Seite 132).

Mischen und Sieben lockern das Mehl auf und verteilen Speisestärke (Puddingpulver, Kakao) und Backpulver gleichmäßig darin. Das Gebäck wird dadurch besser gelockert.

„...und den Teig in die mit Papier ausgelegte Form (Backblech) füllen."

Am besten den Teig mit einem Teigschaber in die vorbereitete Form oder auf das Backblech füllen und gleichmäßig verteilen (Foto 2).

Das Backen von Biskuitteigen

Biskuitteige müssen sofort nach der Zubereitung gebacken werden, damit sie nicht wieder zusammenfallen, und zwar nach den Angaben der Rezepte bzw. der Bedienungsanleitung des Backofens. Bevor das Gebäck aus dem Backofen genommen wird, muß auf alle Fälle geprüft werden, ob es gar ist. Dies läßt sich am besten durch leichtes Auflegen der flachen Hand feststellen. Der gare Biskuit darf sich nicht mehr feucht anfühlen und muß in der Krume weich und watteähnlich sein. Ein zu stark ausgebackener Biskuit ist trocken und fest.
Den etwas abgekühlten Biskuit mit einem Messer vom Springformrand lösen, den Springformrand entfernen (Foto 3).

Das Gebäck auf einen Kuchenrost legen, das Papier sofort danach vom Biskuitboden abziehen, damit es besser ausdünsten kann. (Soll der Biskuitboden nicht am gleichen Tag verwendet werden, das Papier bis zum Gebrauch des Bodens darauf lassen.)

Das Füllen von Torten

Den Biskuitboden so auf einen Bogen Papier legen, daß die Unterseite, die besonders schön glatt ist, nach oben kommt. Er kann mit einem Zwirnsfaden, einem Draht, der an zwei Hölzchen befestigt ist, oder einem großen Messer in Schichten geteilt werden. Damit die Schichten gleichmäßig dick werden, den Tortenrand vorher mit einem kleinen, spitzen Messer ringsherum etwa 1 cm tief einschneiden. Einen Zwirnsfaden in den Einschnitt legen und fest anziehen, dabei durchschneidet der Faden das Gebäck (Foto 1).

Die Tortenschicht mit einem Papier abheben, damit sie nicht bricht. Dazu das Papier an der vorderen Kante nach unten knicken und unter die obere Schicht schieben (Foto 2). Mit den Zeigefingern ab und zu an die obere Schicht fassen, damit das Papier nachgezogen wird.
Die obere Schicht abheben.
Beim Abheben der Schicht muß darauf geachtet werden, daß das Papier möglichst waagerecht gehalten wird, da der Biskuitboden ansonsten leicht durchbrechen kann.

Soll der Biskuitboden mit einem Messer geteilt werden, am besten ein Messer nehmen, das länger ist als der Durchmesser des Bodens (Foto 3).

Zum Füllen eignet sich Buttercreme, zubereitet mit Puddingpulver, Torten-Creme-Pulver oder Konfitüre (Marmelade). Bei Buttercremefüllung zur Abwechslung auch eine Schicht mit Konfitüre bestreichen. Dazu ein Messer, eine Teigkarte oder ein Pfannenmesser nehmen (Foto 1).

Mit Hilfe des Papiers die beiden Schichten wieder aufeinanderlegen. Hierbei ist wichtig, daß die Schichten „Kante auf Kante" gesetzt werden (Foto 2).
Die andere Schicht mit Buttercreme bestreichen und die dritte Schicht darauf legen.

Obere Seite und Rand der Torte mit Buttercreme bestreichen. Für das Verteilen der Creme am Rand am besten ein Tafelmesser verwenden (Foto 3).

Das Verzieren der gefüllten Torte

*Den Rand der Torte mit Schokoladenstreu-
seln, abgezogenen, gehobelten Mandeln,
gemahlenen Haselnußkernen oder gebräun-
ten Haferflocken bestreuen. Dazu z. B. die
Streusel ganz dicht am Rand mit einer
Teigkarte oder einem Messer hochschieben
(Foto 1).*

*Bevor die Torte verziert wird, die Oberfläche
mit einem Tortenteiler einteilen (Foto 2).*

*Beim Verzieren Spritzbeutel senkrecht halten.
Mit der rechten Hand Beutel zuhalten, die
Creme (Sahne) herausdrücken. Die linke
Hand führt den Beutel. Den Spritzbeutel
nicht mit der ganzen Hand umfassen, son-
dern mit Daumen und Zeigefinger Tülle bzw.
Tüllansatz führen. Die Creme (Sahne) wird
sonst durch Handwärme flüssig.*

*Bei dieser Buttercremetorte die Torte vollstän-
dig mit einem Teil der Sahne oder Creme
bestreichen. Sahnerest in einen Spritzbeutel
mit kleiner, glatter Tülle füllen. Die
Tortenoberfläche ganz mit gleichmäßigen
Tupfen verzieren. Mit zur Hälfte in
Schokolade getauchten Früchten, z.B.
Kapstachelbeeren, garnieren (Foto 3).*

Das Überziehen von Torten mit Guß

Die Torte vor dem Auftragen des Gusses mit Konfitüre bestreichen, damit der Guß nicht einsickert. Dazu eine glatte, nicht stückige Konfitüre verwenden. (Stückige Konfitüre vorher durch ein Sieb streichen.) Den Guß mitten auf die Torte gießen.

Ihn schnell mit einem großen Messer verstreichen, und zwar so, daß er an den Rändern herunterläuft (Foto 1). Das Messer dabei schräg halten und nur leicht aufdrücken. Wenn bei der Verteilung des Gusses die Richtung des Messers geändert werden muß, es nicht jedesmal aus dem Guß herausziehen, weil dadurch leicht Krümel vom Biskuitboden abgehoben werden und diese den Guß unansehnlich machen.

Der heruntergelaufene Guß wird am Tortenrand mit einem schräg gehaltenen Messer glattgestrichen und hochgestrichen.

Es ist wichtig, daß die Torte so schnell wie möglich auf eine Tortenplatte (mit Hilfe eines großen Messers) umgesetzt wird. Dabei muß sie zuerst mit dem Messer von der Platte gelöst werden. Durch leichte Schrägstellung der Platte und Führung der Torte durch das Messer sollte sie vorsichtig auf die Tortenplatte gleiten (Foto 2).

Einzelne Arbeitsgänge zur Herstellung einer Biskuitrolle

Das Backblech mit Backpapier oder Pergamentpapier belegen. Dazu das Blech an etwa 3 Stellen mit streichfähiger Butter oder Margarine einfetten – am besten mit einem Pinsel –, das Papier darauf legen, gut andrücken, an der offenen Seite des Blechs so zu einer Falte knicken, daß ein Rand entsteht (damit der Teig nicht auslaufen kann). Den Teig etwa 1 cm dick auf das vorbereitete Blech geben und verteilen (Foto 1).

Nach dem Backen den Biskuit sofort mit einem Messer von den Rändern des Blechs und von dem Papierrand lösen, mit Hilfe des anhaftenden Papiers hochheben, auf ein mit Zucker bestreutes Geschirrtuch stürzen.

Das Backpapier mit kaltem Wasser (mit einem Pinsel) bestreichen und es vorsichtig, aber schnell abziehen. Den Biskuit sofort mit Konfitüre bestreichen (Foto 2). Es empfiehlt sich, die im Rezept angegebene Konfitürenmenge gleichmäßig mit einem Löffel auf der Biskuitplatte zu verteilen und sie dann schnell mit einer Teigkarte zu verstreichen.

Den Biskuit schnell aufrollen (Foto 3). Dieser Arbeitsgang muß schnell erfolgen, denn – je abgekühlter die Biskuitplatte ist, desto schneller kann sie beim Aufrollen brechen. Als Hilfestellung kann das unter der Biskuitrolle liegende Geschirrtuch dienen, welches durch leichtes Anheben das Aufrollen der Platte erleichtert.

Biskuitteig

(Grundrezept)

Biskuitteig ist ein eireicher, lockerer Teig, der beim Backen durch die eingeschlagene Luft feinporig aufgeht.

Er wird in erster Linie für Torten und feines Kleingebäck verwendet, z.B. für Buttercremetorte, Sacher Torte oder Löffelbiskuits.

Für einen Tortenboden

3–4 Eier
3–4 EL heißes Wasser* mit Handrührgerät mit Rührbesen auf höchster Stufe in 1 Minute schaumig schlagen

150 g Zucker mit
1 Päckchen Vanillin-Zucker mischen, in einer Minute einstreuen, dann noch etwa 2 Minuten schlagen

100 g Weizenmehl mit
100 g Speisestärke
2–3 gestr. TL Backpulver (die kleinere Menge bei 4 Eiern) mischen, die Hälfte davon auf die Eiercreme sieben, kurz auf niedrigster Stufe unterrühren, den Rest des Mehlgemisches auf dieselbe Weise unterarbeiten, den Teig in einer Springform (Ø 28 cm, Boden gefettet, mit Backpapier belegt) laut Anweisung backen.

Für eine Biskuitrolle

3 Eier
5–6 EL heißes Wasser mit Handrührgerät mit Rührbesen auf höchster Stufe in 1 Minute schlagen

150 g Zucker mit
1 Päckchen Vanillin-Zucker mischen, in 1 Minute einstreuen, dann noch etwa 2 Minuten schlagen

100 g Weizenmehl mit
50 g Speisestärke
1 gestrichenen TL Backpulver mischen, die Hälfte davon auf die Eiercreme sieben, kurz auf niedrigster Stufe unterrühren, den Rest des Mehlgemisches auf dieselbe Weise unterarbeiten, den Teig etwa 1 cm dick auf ein gefettetes, mit Backpapier belegtes Backblech streichen, an der offenen Seite des Blechs das Papier unmittelbar vor dem Teig zur Falte knicken, so daß ein Rand entsteht, laut Anweisung backen.

* Bei großen Eiern die kleinere Wassermenge, bei kleinen Eiern die größere nehmen.

Knetteig

Notwendige Vorarbeiten

Das Fett muß bei der Verarbeitung mit einem Handrührgerät oder mit einer Küchenmaschine weich (streichfähig) sein.

Mandeln und Früchte nach der Anweisung unter Rührteig Seite 126 vorbereiten.
Für Knetteige Backbleche und -formen im allgemeinen nicht fetten.

Eine Ausnahme bilden Obst-Formen, Tortelettformen und Backbleche für wasser- oder milchreiche Teige.

Die einzelnen Arbeitsgänge

„Mehl und Backpulver mischen und in eine Rührschüssel sieben...".

Mischen und Sieben lockern das Mehl auf und verteilen das Backpulver gleichmäßig im Mehl.

„Alle übrigen im Rezept aufgeführten Zutaten hinzufügen..." (Foto 1).

Eier immer vor der Zugabe einzeln über einer Tasse aufschlagen und prüfen, ob sie frisch sind. Falls Flüssigkeit vorgeschrieben ist, sie auf den Zucker geben. Das Fett (Margarine oder Butter) soll weich (streichfähig) sein. Nur so lassen sich die Zutaten gut verarbeiten. Mehr Mehl, als im Rezept angegeben, darf bei fettreichen Teigen nicht genommen werden, da der Teig dadurch krümelig und das Gebäck hart wird. Sind Früchte vorgeschrieben, sie zuletzt unterkneten.

...„Anschließend mit den Händen auf der mit Weizenmehl bestäubten Tischplatte zu einem glatten Teig verkneten..." (Foto 2).

Dabei nicht zu viel Mehl auf die Tischplatte sieben, damit der Teig nicht brüchig wird. Den Teig mit flachen Händen (mit dem Handballen) schnell verkneten.

...„Diesen zu einer Rolle formen (Foto 3 Seite 139). Sollte der Teig kleben, ihn eine Zeitlang kalt stellen."

Damit sich der Teig besser ausrollen läßt, ihn zu einer Rolle formen. Das Kleben fettreicher Teige wird durch Kaltstellen beseitigt. An wasserreiche (milchreiche) Teige noch etwas Mehl geben.
Bevor der Teig ausgerollt wird, die Tischplatte von Teigresten reinigen und sie gleichmäßig bemehlen.

Das Ausrollen des Teiges (Foto 1)

Nicht zu große Teigstücke ausrollen (besonders bei Kleingebäck). Beim Ausrollen muß sich die Teigrolle wirklich drehen und leicht über den Teig gehen (nicht zu stark drükken). Während des Ausrollens ab und zu mit einem großen Messer unter dem Teig herstreichen, damit er sofort gelöst wird, wenn er kleben sollte.
Für Kleingebäck den Teig so ausstechen, daß möglichst wenig Abfall entsteht (Foto 2); Knetteig wird durch erneutes Zusammenkneten und Ausrollen nicht besser.

Knetteigböden für Obsttorten entweder in Springformen oder in gefetteten Obst-Formen backen. Bei einer Springform 2/3 der angegebenen Teigmenge auf dem Boden der Form ausrollen. Den Rest des Teiges (je nach Rezept) mit 1 gestrichenen Eßlöffel Mehl verkneten, zu einer Rolle formen, als Rand auf den Teigboden legen und mit 2 Fingern so an den Springformring drücken, daß der Rand etwa 3 cm hoch wird (Foto 3). Danach den Boden mit einer Gabel einstechen.

Das Backen von Knetteigen

Alle Knetteige nach den Angaben der Bedienungsanleitung des Backofens bzw. den Angaben des Rezeptes backen. Wenn der Teig gebacken ist, das Gebäck sofort aus der Form lösen oder vom Backblech nehmen. Dann auf einen Kuchenrost zum Auskühlen legen (Kleingebäck einzeln nebeneinander).

Knetteig
(Grundrezept)

150–200 g Weizenmehl	*mit*
1/2–1 gestr. TL Backpulver	*mischen, in eine Rührschüssel sieben*
75–125 g Zucker	
1 Päckchen Vanillin-Zucker	
1 Prise Salz	
1 Ei	
75–125 g weiche Butter oder Margarine	*hinzufügen*

die Zutaten mit Handrührgerät mit Knethaken zunächst kurz auf niedrigster, dann auf höchster Stufe gut durcharbeiten, anschließend auf der Arbeitsfläche zu einem glatten Teig verkneten, sollte er kleben, ihn eine Zeitlang kalt stellen (20–30 Minuten) den Teig auf dem gefetteten Boden einer Springform, auf einem gefetteten Backblech oder auf der bemehlten Arbeitsfläche ausrollen, je nach Anweisung weiterverarbeiten und backen.

Knetteig erhält seine typisch mürbe Beschaffenheit von einem hohen Gehalt an Fett und einem niedrigen Flüssigkeitsanteil. Er kann mit und ohne Zucker zubereitet werden.

Aus Knetteig wird z. B. der Kirsch-Streusel-Kuchen und der Käsekuchen zubereitet.

Hefeteig

Notwendige Vorarbeiten

Im Handel sind Frischhefe und Trockenbackhefe erhältlich. Das Backen mit Trockenbackhefe erfordert keine besonderen Vorarbeiten.
Die Hefe wird sofort aus dem Päckchen ins
Mehl gestreut und mit dem Mehl sorgfältig
vermischt (Ausnahme: Bei zutatenreichen
Teigen, z. B. Hefenapfkuchen und Stollen,
muß die Hefe angerührt werden.

Backbleche und -formen werden gefettet, am
zweckmäßigsten mit streichfähiger Butter
oder Margarine, und je nach Rezept mit
Semmelbröseln ausgestreut.

Die einzelnen Arbeitsgänge

„Das Mehl in eine Rührschüssel sieben (geben) und die Hefe gleichmäßig mit einer
Gabel unterrühren..."

„...Alle übrigen im Rezept angegebenen
Zutaten zu dem Mehl geben..." (Foto 1).

Nur in Gegenwart von Wärme entfaltet Hefe
ihre volle Triebkraft – vor allem die Flüssigkeit
(Milch oder Wasser) sollte etwa 37 °C haben.
Zweckmäßigerweise wird die Flüssigkeit während des Rührens nach und nach hinzugegeben; so teilt sich die Wärme dem Teig gleichmäßig mit.
Bei zutatenreichen Teigen (dazu gehört z. B.
auch der Stollen) muß die Hefe angerührt
werden (Foto 2). Wichtig dabei ist, daß die
angesetzte Hefe tatsächlich gegangen ist.
Voraussetzung dafür ist, daß sie zusammen
mit etwas Zucker und mit lauwarmer Milch
angerührt wird und 15 Minuten bei Zimmertemperatur stehenbleibt. Nur in Gegenwart
von Wärme entfaltet die Hefe ihre volle Triebkraft – die Milch sollte handwarm sein, also
37 °C haben. Die übrigen Zutaten dürfen
erst bei der Teigbereitung selbst mit der Hefe

in Berührung kommen, vor allem Salz und Fett, denn sie würden die Tätigkeit der Hefe hemmen. Deshalb sollten diese Zutaten an den Rand der Schüssel gegeben werden und erst nachdem die Hefe mit dem Mehl vermischt ist, untergerührt werden.

„...Die Zutaten zunächst kurz auf niedrigster, dann auf höchster Stufe etwa 5 Minuten verarbeiten. Der Teig muß glatt sein..." (Foto 3, unten links).

Das Kneten des Hefeteiges bewirkt eine besonders gute Verbindung aller Zutaten untereinander unter Einschlagen von Luft. Die Hefe wandelt dabei die Kohlenhydrate Zucker und Mehl (Stärke) in Kohlensäure und Alkohol um und bewirkt dadurch eine Lockerung des Teiges. Am schnellsten kann sie Zucker verarbeiten, während sie Mehl (Stärke) vorher abbauen muß.

„...Den Teig abgedeckt an einem warmen Ort so lange stehen lassen, bis er sich sichtbar vergrößert hat" (Foto 1).

Hefeteige nicht sofort nach der Zubereitung backen, sondern sie vorher an einem warmen Ort, z. B. im Backofen, genügend aufgehen lassen.
Gas: Auf Stufe 8 drei Minuten vorheizen. Flamme ausdrehen, Schüssel mit Teig so lange hineinstellen, bis er sich sichtbar vergrößert hat.
Strom: 50 °C einschalten, Schüssel mit Teig so lange hineinstellen, bis er sich sichtbar vergrößert hat. Backofentür mit Holzlöffel geöffnet halten.

„...Den Teig, je nach Rezept, weiter verarbeiten (in eine vorbereitete Napfkuchenform füllen oder ausrollen, formen, flechten usw.), in jedem Fall vor dem Backen nochmals gehen lassen" (Foto 2).

Hefeteig wird durch Hefe gelockert, dies ist der einzige Teig, der durch Lebewesen „aufgeht". Diese Hefebakterien sind winzig, sobald sie mit Zucker, Mehl, Milch oder Wasser und Wärme in Berührung kommen, beginnen sie zu wachsen. Hefeteig hat einen fein säuerlichen Geschmack und schmeckt am besten frisch gebacken.

Probieren Sie Guglhupf, Rosinenbrot, Butterkuchen oder ... .

Das Backen von Hefeteigen

Hefeteige sollten in jedem Fall vor dem Backen nochmals an einem Ort gehen, dadurch wird eine weitere Lockerung des Teiges hervorgerufen. Alle Hefeteige nach den Angaben der Bedienungsanleitung des Backofens bzw. Angaben des Rezeptes backen.

Hefeteig
(Grundrezept)

500 g Weizenmehl	*in eine Rührschüssel sieben, mit*
1 Päckchen Trockenbackhefe	*sorgfältig vermischen*
75 g Zucker	
1 Päckchen Vanillin-Zucker	
1 Prise Salz	
250 ml ($^1/_4$ l) lauwarme Milch	
75–100 g zerlassene, abgekühlte Butter oder Margarine oder	
6–7 EL Speiseöl	*hinzufügen*
	oder
375 g Weizenmehl	*in eine Rührschüssel sieben, mit*
1 Päckchen Trockenbackhefe	*sorgfältig vermischen*
50 g Zucker	
1 Päckchen Vanillin-Zucker	
1 Prise Salz	
200 ml lauwarme Milch	
50–75 g zerlassenes Fett	*hinzufügen*

die Zutaten mit Handrührgerät mit Knethaken zunächst auf niedrigster, dann auf höchster Stufe in etwa 5 Minuten zu einem Teig verarbeiten
den Teig abgedeckt so lange an einem warmen Ort stehen lassen, bis er sich sichtbar vergrößert hat (etwa 20 Minuten), ihn aus der Schüssel nehmen, auf der Arbeitsfläche nochmals gut durchkneten
den Teig – je nach Anweisung – nochmals gehen lassen und backen.

Quark-Öl-Teig

Notwendige Vorarbeiten

Mehl und Backpulver mischen und sieben. Mischen und Sieben lockern das Mehl auf und verteilen das Backpulver gleichmäßig im Mehl. Das Gebäck wird dadurch besser gelockert.

Für Quark-Öl-Teige Backbleche und -formen fetten.
Dazu am besten streichfähige Margarine oder Butter verwenden und sie gut und geichmäßig mit einem Pinsel verteilen.

Die einzelnen Arbeitsgänge

„Das mit Backpulver gemischte, gesiebte Mehl, Quark, Milch, je nach Rezept Ei, Öl, Zucker (Honig), Vanillin-Zucker und Salz auf höchster Stufe in etwa 1 Minute verarbeiten" (Foto 1).

Die Zutaten in der angegebenen Reihenfolge in die Rührschüssel geben. Dabei das Ei in einer Tasse aufschlagen und prüfen, ob es frisch ist (Foto 2).
Das Öl ist bei dieser Teigart von ausschlaggebender Bedeutung und sollte nicht durch festes Fett ersetzt werden. Jedes Speiseöl, das neutral im Geschmack ist, kann verwendet werden.

Den Teig mit bemehlten Händen auf der Tischplatte zu einer Rolle formen (Foto 3). Falls der Teig zu weich ist, noch etwas Mehl hinzufügen, aber nicht zu viel, damit das Gebäck nicht hart wird.

Aus diesem Teig lassen sich die verschiedensten Gebäcke zubereiten. Er kann nach Belieben ausgerollt, geformt, gefüllt und belegt werden (Foto 1). Für Kleingebäck den Teig gut $1/2$ cm dick ausrollen, ihn in Vierecke teilen und diese in der Mitte mit etwas Konfitüre belegen. Die Teigstücke zu Dreiecken, Taschen usw. zusammenschlagen (Foto 2), mit Milch bestreichen und auf einem gefetteten Backblech backen.

Das Backen von Quark-Öl-Teigen

Alle Quark-Öl-Teige nach den Angaben unter den Rezepten backen. Wenn der Teig gebacken ist, wird das Gebäck sofort aus der Form gelöst oder vom Backblech genommen und zum Auskühlen auf einen Kuchenrost gelegt. Gebäck aus Quark-Öl-Teig sollte möglichst frisch gegessen werden.

Quark-Öl-Teig

(Grundrezept)

150 g Weizenmehl	*mit*
4 gestr. TL Backpulver	*mischen, in eine Rührschüssel sieben*
75 g Speisequark	
50 ml Milch	
50 ml Speiseöl	
40 g Zucker	
1 Päckchen Vanillin-Zucker	
1 Prise Salz	
1 Fläschchen Butter-Vanille-Aroma	*hinzufügen*

oder

300 g Weizenmehl	*mit*
1 Päckchen Backpulver	*mischen, in eine Rührschüssel sieben*
150 g Speisequark	
100 ml Milch	
100 ml Speiseöl	
80 g Zucker	
1 Päckchen Vanillin-Zucker	
1 Prise Salz	
1 Fläschchen Butter-Vanille-Aroma	*hinzufügen*

die Zutaten mit Handrührgerät mit Knethaken auf höchster Stufe in etwa 1 Minute verarbeiten, anschließend auf der bemehlten Arbeitsfläche zu einer Rolle formen, evtl. ausrollen, laut Anweisung weiterverarbeiten und backen.

Quark-Öl-Teig ist ein besonders einfacher und schneller Teig.

Er ist mit dem Knetteig eng verwandt und durch seinen Quarkanteil auch noch gesund.

Probieren Sie z. B. den Mohnkuchen vom Blech oder die Clubteilchen.

Brandteig

Notwendige Vorarbeiten

Brandteig auf einem leicht gefetteten, mit Mehl bestäubten Backblech backen (Foto 1).

Etwas Mehl auf eine Seite des Bleches sieben. Damit das Mehl gleichmäßig und in nicht zu dicker Schicht auf dem Backblech liegt, das Backblech mit der nicht bemehlten Seitenkante auf den Tisch schlagen und das überflüssige Mehl entfernen.

Mehl und Speisestärke sieben.

Das Mischen und Sieben von Mehl und Speisestärke lockert die beiden Zutaten auf und verteilt sie gleichmäßig miteinander. Für den nächsten Arbeitsgang ist es sinnvoll, die beiden Zutaten auf ein Stück Pergamentpapier zu sieben.

Die einzelnen Arbeitsgänge

„Wasser und Fett, am besten in einem Stieltopf, zum Kochen bringen. Dann den Topf von der Kochstelle nehmen, das mit Speisestärke gemischte und gesiebte Mehl auf einmal hineinschütten..." (Foto 2).

Wichtig ist, daß das Mehl-Speisestärke-Gemisch beim Kochen nicht klumpt. Deswegen das kochende Wasser von der Kochstelle nehmen und das mit Speisestärke gesiebte Mehl auf einmal hineingeben, es niemals langsam einstreuen.

„...zu einem glatten Kloß rühren..." (Foto 3)

Sobald Mehl und Speisestärke in das heiße Wasser gegeben werden, kräftig rühren, und zwar so lange, bis ein glatter Kloß entstanden ist.

„...und diesen unter Rühren noch etwa 1 Minute erhitzen...".

Durch dieses Erhitzen (Abbrennen) wird der Teig fester. Ein Zeichen für genügend langes Abbrennen des Teiges ist eine dünne Haut am Boden des Topfes. Das Abbrennen geschieht bei starker Hitze.

„...Den heißen Kloß sofort in eine Schüssel geben..." (Foto 1).

Zur weiteren Verarbeitung des Teiges mit den Knethaken des Handrührgerätes empfiehlt es sich, den Teigkloß in eine Schüssel zu geben, da er sich so besser weiterverarbeiten läßt.

„...und nach und nach die Eier auf höchster Stufe unterarbeiten..." (Foto 2).

Die Eier werden in den heißen Teig gegeben. Jedes Ei wird über einer Tasse aufgeschlagen, um zu prüfen, ob es gut ist. Die Eier nach und nach in den Teig rühren, weil sie sich dann besser unterarbeiten lassen (Foto 3).

„…Weitere Eizugabe erübrigt sich, wenn der Teig stark glänzt und so von einem Löffel abreißt, daß lange Spitzen hängenbleiben…".

Da die Größe der Eier verschieden ist, nach der Zugabe des vorletzten Eies die Teigbeschaffenheit prüfen. Sollte der Teig schon stark glänzen und so vom Löffel abreißen, daß lange Spitzen hängenbleiben, darf kein Ei mehr zugegeben werden; zu weicher Teig ergibt breitgelaufenes Gebäck. Andernfalls das letzte Ei verschlagen und davon nur so viel wie notwendig in den Teig geben.

„…Danach das Backpulver in den erkalteten Teig geben" (Foto 1).

Backpulver darf niemals vor dem Backen mit warmen Zutaten zusammengebracht werden, da seine Triebkraft dann vorzeitig ausgelöst würde. Deswegen wird das Backpulver zuletzt unter den Teig gearbeitet.
Sollen aus dem Teig z. B. Windbeutel gebacken werden, die Brandteigmasse mit 2 Teelöffeln in Häufchen auf ein vorbereitetes Backblech setzen oder mit einem Spritzbeutel aufspritzen (Foto 2). Soll der Teig in Fett ausgebacken werden, dann wird er mit 2 Teelöffeln abgestochen oder in Form von Kränzchen auf gefettete Papierstückchen gespritzt und in das heiße Fett gegeben.

Das Backen von Brandteigen

Alle Brandteige werden nach den Angaben der Bedienungsanleitung des Backofens bzw. den Angaben des Rezeptes gebacken. Erst gegen Ende der Backzeit darf der Backofen vorsichtig geöffnet werden, da das Gebäck sonst leicht zusammenfällt. Wird der Teig in Fett ausgebacken, sollte dieses vorher genügend erhitzt werden, damit das Gebäck nicht zu viel Fett aufnehmen kann. Das Ausbackfett hat den richtigen Hitzegrad, wenn sich um einen in das Fett gehaltenen Holzlöffelstiel kleine Blasen bilden.

Brandteig

(Grundrezept)

125 ml (¹/₈ l) Wasser	
25 g Butter oder Margarine	*am besten in einem Stieltopf zum Kochen bringen*
75 g Weizenmehl	*mit*
15 g Speisestärke	*mischen, sieben, auf einmal in die von der Kochstelle genommene Flüssigkeit schütten, zu einem glatten Kloß rühren, unter Rühren etwa 1 Minute erhitzen, den heißen Kloß sofort in eine Schüssel geben, nach und nach*
2–3 Eier	*mit Handrührgerät mit Knethaken auf höchster Stufe unterarbeiten, weitere Eizugabe erübrigt sich, wenn der Teig stark glänzt und so von einem Löffel abreißt, daß lange Spitzen hängenbleiben*
1 Msp. Backpulver	*in den erkalteten Teig einarbeiten weitere Zubereitung und Backen nach Anweisung.*

Brandteig hat seinen Namen vom Abbrennen des Mehlkloßes, der aus Wasser, Butter und Mehl besteht. Da Brandteig ohne Zucker zubereitet wird, läßt er sich besonders vielfältig füllen.

Der hohe Eiergehalt und das verdampfende Wasser bewirken die Teiglockerung.

Testen Sie Windbeutel oder Käseringe.

Strudelteig

Notwendige Vorarbeiten

Für die Zubereitung des Teiges die Zutaten genau abwiegen, und das Backblech oder die Fettfangschale sorgfältig einfetten.
Wird der Strudel mit Ei zubereitet, so schlägt man das Ei über einer Tasse auf, um zu kontrollieren, ob es frisch ist.
Zum Ruhen benötigt der Teig eine recht heiße Umgebung. Deshalb in einem Topf Wasser kochen, damit der Topf die Wärme aufnimmt. Anschließend das Wasser abgießen und den Topf trocknen lassen.

Die einzelnen Arbeitsgänge:

„Das Mehl in eine Rührschüssel sieben (geben) und in die Mitte eine Vertiefung eindrücken (Foto 1)."

Salz, das Ei oder nur Salz, Wasser und Öl hineingeben (Foto 2).

„Die Zutaten mit den Knethaken des Handrührgerätes oder der Küchenmaschine zunächst kurz auf niedrigster, dann auf höchster Stufe gut durcharbeiten" (Foto 3).

Der Teig muß elastisch, aber nicht zu weich oder klebrig sein. Deshalb evtl. noch etwas Mehl einarbeiten.

„Wenn der Teig gut durchgeknetet ist, wird er zu einem großen Kloß geformt."

Anschließend den Teig auf Pergamentpapier in den heißen, trockenen Kochtopf legen (Foto 1), mit einem Deckel schließen, $^1/_2$ Stunde ruhen lassen.
„Den Teig nach dem Ruhen auf einem bemehlten, großen Küchentuch ausrollen, dünn mit etwas Speiseöl bestreichen."

Über den Handrücken den Teig zu einem Rechteck ausziehen (etwa 50 x 70 cm), bis er durchsichtig ist (das Muster des Küchentuches muß durch den Teig sichtbar sein) (Foto 2). Vor und während dem Backen, den Strudel immer wieder mit Öl bestreichen. Der Strudel wird dadurch saftiger.

Strudelteig

(Grundrezept)

Strudelteig wird besonders im süddeutschen Raum und in Österreich zubereitet. Er ist etwas für Feinschmecker, die wenig knusprigen Teig und viel Füllung mögen.

Nach ein wenig Übung und der richtigen Technik beim Ausziehen über beide Handrücken, nicht über die Finger, ist er nicht so schwer zuzubereiten, wie allgemein angenommen wird.

Backen Sie doch mal einen Wiener Apfelstrudel.

Für Strudelteig mit Ei

250 g Weizenmehl in eine Rührschüssel sieben
1 Prise Salz
100 ml lauwarmes Wasser
1 kleines Ei
1 EL Speiseöl hinzufügen.

oder

Für Strudelteig ohne Ei

200 g Weizenmehl in eine Rührschüssel sieben
1 Prise Salz
75 ml (5 EL) lauwarmes Wasser
50 ml (3 EL) Speiseöl hinzufügen

alle Zutaten mit Handrührgerät mit Knethaken zunächst kurz auf niedrigster, dann auf höchster Stufe gut durcharbeiten, anschließend auf der Arbeitsfläche zu einem glatten Teig verkneten, sollte er kleben, evtl. noch etwas Mehl unterkneten, den Teig auf Pergamentpapier in einen heißen, trockenen Kochtopf legen (vorher Wasser darin kochen), mit einem Deckel verschließen, etwa 30 Minuten ruhen lassen, den Teig auf einem bemehlten großen Tuch (Küchentuch) ausrollen, dünn mit etwas von

50 g zerlassener Margarine oder Butter oder etwas Speiseöl bestreichen, den Teig anheben, über den Handrücken zu einem Rechteck (etwa 50 x 70 cm) ausziehen, er muß durchsichtig sein, die Ränder, wenn sie dicker sind, abschneiden, den Teig mit etwas von dem Fett bestreichen, laut Anweisung weiterverarbeiten und backen.

Kuchen aus der Form

Kuchen vom Blech

Torten

Umwelthinweis
Dieses Buch und der Schutzumschlag wurden auf chlorfrei gebleichtem Papier gedruckt. Die Einschrumpffolie – zum Schutz vor Verschmutzung – ist aus umweltfreundlicher und recyclingfähiger PE-Folie.

Wenn Sie Anregungen, Vorschläge oder Fragen zu unseren Büchern haben, rufen Sie uns unter folgender Nummer an (05 21) 52 06 42 oder schreiben Sie uns. Wir antworten umgehend.

Ceres Verlag, Rudolf August Oetker KG
Redaktion
Am Bach 11, 33602 Bielefeld

Copyright
© 1996 by Ceres Verlag,
Rudolf August Oetker KG, Bielefeld

Redaktion
Carola Reich

Fotos
Titelfoto — Thomas Diercks, Hamburg
Innenfotos — Thomas Diercks, Hamburg
Christiane Pries, Borgholzhausen
Fotostudio Toelle, Bielefeld
Brigitte Wegner, Bielefeld

Foodstyling
Isabel Rohlfing, Bielefeld

Rezeptentwicklung und -beratung
Sabine Hinrichs, Minden

Umschlaggestaltung
Parzhuber & Partner, München

Gestaltung
Kontur Design, Bielefeld

Satz
adrupa, Paderborn

Reproduktionen
Mohndruck Graphische Betriebe GmbH, Gütersloh

Herstellung
Mohndruck Graphische Betriebe GmbH, Gütersloh

Nachdruck, auch auszugsweise, nur mit unserer ausdrücklichen Genehmigung und mit Quellenangabe gestattet.

ISBN
3-7670-308-2